Turiner Straße

Hohenzollernbrücke

Heumarkt

Deutzer Brücke

Gotenring

Severinsbrücke

Ubierring

Bergisches Land ▶

Königsforst ▶

Wahner Heide ▶

Siegburg ▲

Jutta Echterhoff   Susanne Viegener

Das Kölner Märchenbuch

mit Illustrationen
von Mira Lob

marzellen
verlag köln

Bibliografische Information der Deutschen Nationalbibliothek
Die Deutsche Nationalbibliothek verzeichnet diese Publikation
in der Deutschen Nationalbibliografie;
detaillierte bibliografische Daten sind im Internet
über http://dnb.ddb.de abrufbar.

© 2011 Marzellen Verlag GmbH, Köln
5. Auflage 2014

Umschlagillustration: Mira Lob
Satz/Layout: Redaktionsbüro Tewes, Köln
Druck: Theiss Druck GmbH, Österreich
Alle Rechte vorbehalten.
Printed in Austria.
ISBN 978-3-937795-19-5

www.marzellen-verlag.de

Es war einmal...

*Die Geschichte Kölns ist schon 2000 Jahre alt
und doch zum Greifen nah.*

*Die Schauplätze des „Kölner Märchenbuches" kannst du auch
heute noch besichtigen und dort viel über die Vergangenheit der
Stadt erfahren. Am Ende eines jeden Märchens wird auf einem
solchen Pergament erklärt, welche Orte aus den Geschichten du
dir heute noch anschauen kannst. Jedes Märchen hat sein eigenes Symbol, das du auf dem Stadtplan im Einband des Buches
wiederfindest. So kannst du dich selbst auf Zeitreise begeben
und den Spuren der Kölner Geschichte folgen.*

Inhalt

Ein Apfel für Maria   6

Der kleine Hoppeditz   12

Richmodis und der Zauberring   18

Die Spürnase des Marsilius   24

Die spukende Milchmagd   32

Das wundersame Hühnerfutter   37

Eine teuflische Wette   42

Zwei Karnevalsgespenster   48

Frecher Fratz und alter Grien   54

Krach in Deutz   62

Hexentanz in der Walpurgisnacht   70

Das Rheinleuchten   78

Die Schiffe des Herrn Conradi   85

Jan und Griet   90

Der stinkende Ritter   96

Feuerspuk am Rathaus   101

Von Piraten und Pfeffersäcken   107

Die Heinzelmännchen   112

Prinzessin Ursula   118

Ein Tanz für das Christkind   124

Ein Apfel für Maria

Der kleine Hermann Josef war ein frommes Kind mit blauen Augen und blonden Locken. Er wohnte mit seinen Eltern und seinen Geschwistern direkt neben der Kirche St. Maria im Kapitol. Während seine Freunde nach der Schule in den engen Gassen Verstecken spielten, kletterte Hermann Josef viel lieber auf einen der schönen Bäume vor der Kirche und genoss die Stille. Von Weitem hörte er die Kinder rufen »Teufelsspuk und Hexenbein, alles muss versteckt sein! Eins, zwei, drei, ich komme!« – da saß Hermann Josef aber längst auf seinem Baum und träumte vor sich hin.

Manchmal war er stundenlang verschwunden, und weder seine Freunde noch seine Eltern wussten, wo sich Hermann Josef diesmal wieder aufhielt. Erst wenn es anfing zu dämmern und seine Spielkameraden daheim waren, kletterte er von dem Baum herunter und schlenderte gemütlich nach Hause.

Hermann Josefs Vater hatte eine kleine Schusterei. Er reparierte fleißig die kaputten Schuhe der Leute, damit er seinen Kindern eine vernünftige Schulausbildung bezahlen konnte. Leisten konnte sich das damals vor rund achthundert Jahren nämlich längst nicht jeder. Lesen, Schreiben und Rechnen lernen, das war nur etwas für reiche Leute.

An einem grauen Herbsttag regnete es einmal so heftig, dass Hermann Josef nicht auf einen Baum kletterte. Wie so oft schlich er sich lieber in die Kirche von St. Maria im Kapitol. Hermann Josef mochte die Stille in der Kirche und den herben Duft des Weihrauchs. Hier fühlte er sich wohl und konnte in Ruhe beten.

Als er sich wieder einmal die Marienstatuen in der Kirche anschaute, entdeckte er ganz hinten im Chor eine kleine Maria mit dem Jesuskind auf dem

Arm. Sie war ihm noch nie aufgefallen. Von allen Statuen in der Kirche war sie die kleinste, aber dafür die schönste.

»Wie liebevoll sie ihr Kind in den Armen hält«, dachte Hermann Josef. »Und wie zärtlich sie es anlächelt.«

Aber noch etwas fiel ihm auf. Allen anderen Marienstatuen waren Geschenke zu Füßen gelegt worden. Mit Rosenkränzen, Schmuck, Blumen und Münzen bedankten sich die Leute bei Maria, dass sie ihre Gebete erhört hatte. Nur vor der kleinen Marienstatue lag kein einziges Geschenk.

Das fand der kleine Hermann Josef ziemlich ungerecht. Und weil ihm Maria und ihr Jesuskind so leidtaten, überlegte er, womit er den beiden eine Freude machen könnte. »Ich hab´s«, flüsterte Hermann Josef. »Meinen leckeren Apfel, den mir meine Mutter heute Morgen mit in die Schule gege-

ben hat, werde ich dir schenken. Leider habe ich nichts Wertvolleres für dich. Nimm ihn bitte für dein Jesuskind.« Eifrig putzte Hermann Josef den Apfel an seiner Hose ab und legte ihn zaghaft zu Marias Füßen.

Das tat er von nun an jeden Tag. Selbst wenn er in der Schule noch so großen Hunger hatte, steckte er seinen Apfel schnell wieder in seinen Ranzen und brachte ihn nach der Schule zu Maria. In diesem Moment war er ganz besonders glücklich. Oft erzählte er ihr auch von seinem Kummer und seinen Sorgen. Maria hörte ihm immer zu, und sogleich ging es Hermann Josef viel besser.

Als er eines Tages wieder vor der Marienstatue stand und seinen Apfel niederlegte, geschah etwas Unglaubliches. Auf einmal lächelte Maria ihm zu, strich ihm liebevoll über die Locken und sagte: »Hermännchen, das ist aber nett von dir.« Hermann traute seinen Ohren nicht. Mit großen Augen blickte er gebannt zu Maria hinauf. Sie sprach tatsächlich zu ihm. »Jeden Tag sparst du dir deinen Apfel vom Munde ab, um ihn mir zu schenken. Zur Belohnung darfst du ein Weilchen mit meinem Sohn spielen.« Und so geschah es. Hermann Josef und das Jesuskind liefen fröhlich und lachend in der Kirche umher, als wären sie schon immer die besten Freunde gewesen. Sie spielten Fangen, hüpften vergnügt um den Altar herum und zündeten alle Kerzen in der Kirche an. Was für ein schöner Anblick das war.

Als Hermann Josef fröhlich in die Schusterwerkstatt kam, fragte der Vater nach dem Grund für seine Freude. Da erzählte Hermann Josef von der Muttergottes und dem Jesuskind.

»Ach, du lieber Himmel«, seufzte der Schuster. »Du verzichtest auf deinen einzigen Apfel? Und spielst mit Jesus Nachlaufen in der Kirche? Wie soll aus dir nur ein guter Schuster werden?« Nach Luft ringend ließ er sich auf seinem Schemel nieder. Hermann Josef sagte: »Vater, ich möchte Mönch werden – denn dann bin ich dem lieben Gott ganz nahe.«

Obwohl die Eltern gehofft hatten, dass ihr Sohn eines Tages die Schusterwerkstatt übernehmen würde, konnten sie seinen Wunsch gut verstehen. Wer Mönch werden wollte, musste allerdings lange zur Schule gehen und viel lernen. Von nun an reparierte der Schuster noch mehr Schuhe, schließlich musste er das Schulgeld für seinen Sohn verdienen. Der Junge lernte

fleißig und war Klassenbester. Tag für Tag besuchte er nach der Schule Maria und brachte ihr seinen Apfel, doch zum Leben erwachte sie nicht mehr.

Viele Jahre lang mühten sich die Eltern ab, doch irgendwann wurden sie krank und kraftlos. Das Geld reichte am Ende einfach nicht und Hermann Josef konnte nicht mehr zu Schule gehen. Traurig ging er in die Kirche zu Maria und brachte ihr wieder einen Apfel mit. »Ach, liebe Maria«, schluchzte er, »mein größter Wunsch, Mönch zu werden, wird leider niemals in Erfüllung gehen.« Und wieder, wie vor vielen Jahren, wurde Maria plötzlich lebendig und flüsterte: »Hermännchen, siehst du den Sockel, auf dem ich stehe? Wann immer du für dein Studium Geld brauchst, wirst du darunter eine Goldmünze finden.«

Ein letztes Mal zwinkerte ihm das Jesuskind zu, dann war das Wunder vorüber.

So konnte Hermann Josef tatsächlich studieren und sich seinen Traum erfüllen. Er wurde ein bekannter Mönch. Seine Eltern waren unheimlich stolz auf ihn. Der Sage nach ging er schon mit zwölf Jahren in das Kloster Steinfeld in der Eifel und wurde sehr alt, nämlich 90 Jahre, was für die damalige Zeit ein sehr hohes Alter war.

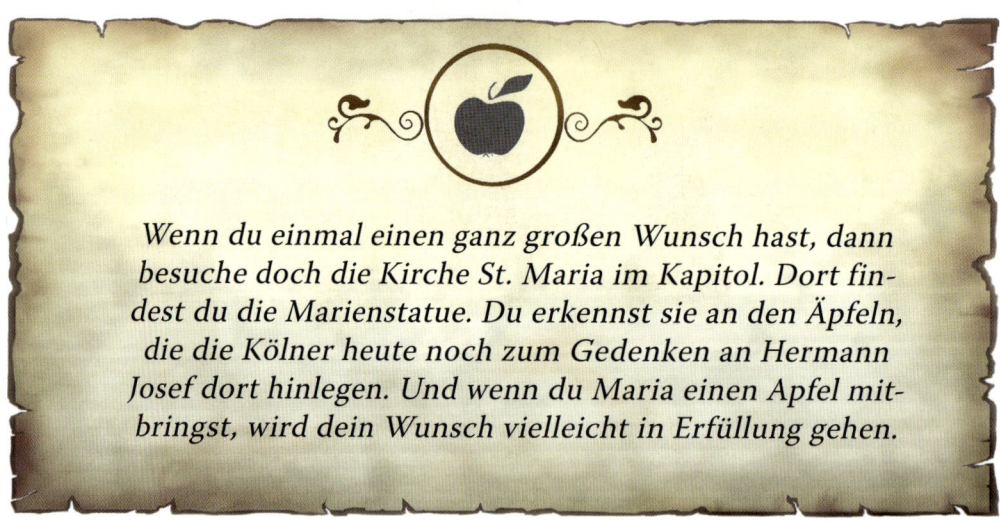

Wenn du einmal einen ganz großen Wunsch hast, dann besuche doch die Kirche St. Maria im Kapitol. Dort findest du die Marienstatue. Du erkennst sie an den Äpfeln, die die Kölner heute noch zum Gedenken an Hermann Josef dort hinlegen. Und wenn du Maria einen Apfel mitbringst, wird dein Wunsch vielleicht in Erfüllung gehen.

Der kleine Hoppeditz

Am Kölner Rheinufer wurde einst nach einem Hochwasser ein Kobold angespült. Er kam durch den Brunnen des alten Gutshofes der Familie Zum Pütz. Weil er sich unsichtbar machen konnte, sah man ihn oft nicht. Aber dann hörte man ihn, wie er des Nachts leise über den Hof schlich, um sich ein Quartier zu suchen.

»Hoppedihopp«, so klang sein Schritt, denn eines seiner Beine war kürzer als das andere, und so humpelte er zum alten Stall und kletterte auf den Heuboden, wo er sich im warmen Stroh eine gemütliche Höhle baute.

Für den Pütz'schen Hof brach eine neue Zeit an, denn nicht nur die Familie, sondern auch die Mägde und Knechte auf dem Gutshof bemerkten, dass ein guter Geist Einzug gehalten hatte. Der kleine Hoppeditz machte sich nämlich nützlich: Wie von unsichtbarer Hand wurde der Hof gefegt, die Pferde beschlagen, das Heu eingefahren und das Feuer angefacht. Zum Dank dafür stellten die Mägde und Knechte ihm jeden Abend ein Schüsselchen mit Milch und Kuchen vor den alten Stall.

Jeder auf dem Hof mochte ihn. Am liebsten spielte der Hoppeditz Nachlaufen mit den Kindern, und natürlich kriegten sie ihn nie. Kaum war ein Kind ihm dicht auf den Fersen, machte er sich unsichtbar und rief mit krächzendem Stimmchen:

> »Gestatten, bin der Hoppeditz
> vom Stamme der Klabauter,
> mit Rauschebart und Zipfelmütz,
> wollt ihr mich seh'n, ruft lauter!«

So laut sie konnten, riefen ihn dann die Kinder: »Hoppeditz«, und schon tauchte er ganz woanders wieder auf.

Allerdings zeigte er sich nur lieben Menschen, die es gut mit ihm meinten: Ein kleines Männlein mit langem grauen Bart, einer dicken Knollennase, ein Paar pfiffigen Knopfäuglein im gutmütigen Gesicht und einem zerbeulten Spitzhütchen auf dem Kopf. »Hoppedihopp«, so hüpfte er dann mit einem kurzen und einem langen Bein über den Hof. Wer jedoch böse zu ihm war, ihn foppte oder sich über sein Humpeln lustig machte, dem erging es übel. Den zwickte er in die Nase, zog ihn an den Haaren oder stieß ihn in den Misthaufen. Für solche Bösewichte blieb der Hoppeditz stets unsichtbar.

Eines Nachts wurde der kleine Hoppeditz, der auf dem Heuboden über dem alten Stall friedlich schlummerte, plötzlich von einem Flüstern geweckt. Verwundert setzte er sich auf, rieb sich die Augen und lauschte: »Lass uns rüber ins Haus gehen, das Silber holen und dann schnell von hier verschwinden«, zischte jemand.

Zwei gemeine Diebe waren über die Mauer des Pütz'schen Hofes gestiegen und hatten sich schnell im alten Stall versteckt. Auf das Tafelsilber der hohen Herrschaften hatten sie es abgesehen, das in einer großen Truhe in der guten Stube verwahrt wurde: 24 Messer, 24 Gabeln und 24 Löffel aus purem Silber mit dem Familienwappen, die um die Wette glänzten, wenn

Änne, die Magd, sie allwöchentlich putzte. Blitzblank mussten sie sein, damit sie bei den großen Gesellschaften und Feierlichkeiten aufgelegt werden konnten. Ein wahrer Schatz!

Der Hoppeditz konnte es kaum glauben. Dem Diebesgesindel musste das Handwerk gelegt werden! »Na, wartet«, dachte er bei sich, »ihr werdet mich kennenlernen. Euch werde ich einen schönen Streich spielen.« Auf der Stelle machte er sich unsichtbar und schlich zum Haus hinüber.

Als die beiden Unholde wenig später über den Hof in die gute Stube schlichen, wartete der Hoppeditz bereits auf sie. Sie brachen die Truhe auf und hoben den schweren, knarrenden Deckel ab. Darin lag der Besteckkasten mit dem Tafelsilber. Sie hielten den Atem an und öffneten den Kasten. Da sprang ihnen plötzlich das funkelnde Besteck mit lautem Geklirre entgegen, als wäre es lebendig geworden. Die Messer schnitten sie in Arme und Beine,

die Gabeln stachen ihnen ins Gesicht, und die Löffel schlugen ihnen hart auf den Kopf.

»Aua! Hilfe, man will uns ans Leben!«

Mit lautem Geschrei stürzten die Räuber aus der Stube, und das Besteck tanzte wie von Zauberhand bewegt, stechend und schneidend hinter ihnen her und jagte sie über den Hof. Mit krächzendem Stimmchen rief der Kobold ihnen nach:

> »Gestatten, bin der Hoppeditz
> vom Stamme der Klabauter,
> mit Rauschebart und Zipfelmütz,
> die Diebe, die verhaut er!«

Inzwischen waren überall die Lichter angegangen. Die Leute kamen aus ihren Kammern, um nachzuschauen, wer in aller Welt so einen schrecklichen Lärm machte, und da sahen sie, wie die beiden Räuber über den Hof um ihr Leben rannten und von einem Messer-Gabel-Löffel-Ungeheuer gejagt wurden.

Das Besteck drosch weiter auf die Halunken ein, bis es sie schließlich zum Tor hinausgejagt hatte. Just in diesem Moment hatte der Spuk ein Ende, das Tafelsilber fiel zu Boden, und es erschien der Hoppeditz, der sich vor Lachen kaum halten konnte.

»Das Familiensilber wollten sie stehlen, diese Gauner! Na, denen habe ich ein schönes Schnippchen geschlagen. Diesen Schreck werden sie ihr Lebtag nicht vergessen«, rief er und sammelte das gute Silber wieder ein. Alle lachten mit ihm und zum Dank bekam er ewiges Wohnrecht als guter Geist des Pütz'schen Hofes.

Noch viele Jahre später erzählte man sich die Geschichte vom Hoppeditz, und es heißt, solange der Hof gestanden habe, sei er auch dort geblieben. Erst als das uralte Gehöft gegen Ende des 18. Jahrhunderts abgerissen wurde, zog er über den Rhein in die Wahner Heide, und wenn dort manchmal ein ferner Donner grollt, dann ist das der kleine Hoppeditz, der in den Wäldern Kegeln spielt.

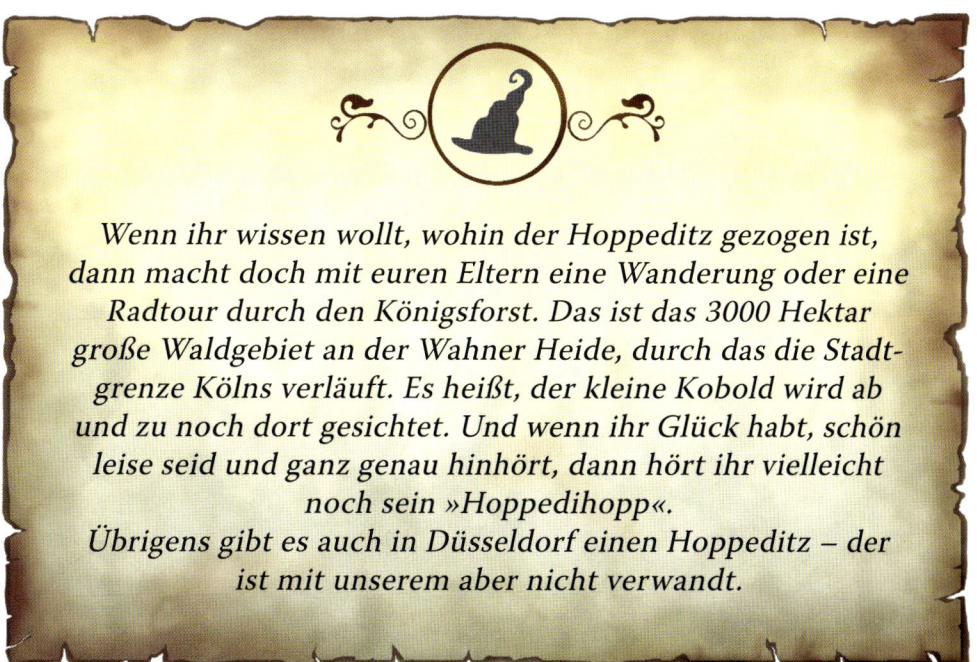

Wenn ihr wissen wollt, wohin der Hoppeditz gezogen ist, dann macht doch mit euren Eltern eine Wanderung oder eine Radtour durch den Königsforst. Das ist das 3000 Hektar große Waldgebiet an der Wahner Heide, durch das die Stadtgrenze Kölns verläuft. Es heißt, der kleine Kobold wird ab und zu noch dort gesichtet. Und wenn ihr Glück habt, schön leise seid und ganz genau hinhört, dann hört ihr vielleicht noch sein »Hoppedihopp«.
Übrigens gibt es auch in Düsseldorf einen Hoppeditz – der ist mit unserem aber nicht verwandt.

Richmodis und der Zauberring

Hochzeit in Köln! Hochzeit in Köln! Die Laufburschen rannten aufgeregt durch die engen Gassen, um die frohe Botschaft zu verkünden: »Der edle Ratsherr der Stadt Köln Mengis von Aduct heiratet die schöne Kaufmannstochter Richmodis von Lyskirchen!«

So unsterblich wie Mengis und Richmodis verliebt waren, konnte man mit Fug und Recht behaupten, dass es sich um eine echte Liebesheirat handelte. Und das war damals im Jahre 1347 ganz und gar nicht selbstverständlich.

In der Kirche St. Aposteln am Neumarkt schworen sich die beiden die ewige Treue. Prinzen und Prinzessinnen, Ritter und Adlige aus dem ganzen Lande reisten an, um das glückliche Brautpaar zu feiern. Als Zeichen seiner Liebe schenkte Mengis seiner Richmodis einen funkelnden Ring.

»Er wird dich beschützen, dir Glück bringen und dir immer den Weg leuchten«, sprach Mengis, als er ihr den Ring an den Finger steckte. Da schwor sich Richmodis, den Ring Zeit ihres Lebens nicht mehr abzunehmen. Sie zogen gemeinsam in das Haus »Zum Papageien« am Neumarkt und lebten dort glücklich, wenn auch kinderlos.

Doch eines Tages trübte sich ihr Glück. Die Pest war ausgebrochen und machte vor Köln nicht Halt. Kaufleute hatten die Seuche in die Stadt geschleppt. Sofort ordnete der Stadtrat an, alle Tore zu schließen, doch es war zu spät. Weder Salben noch Heilkräuter halfen gegen die unheilbare Krankheit. Angst und Schrecken gingen um in Köln. Unzählige Menschen ließen ihr Leben. Aus Furcht vor Ansteckungen beschloss der Stadtrat, die Toten schnell zu bestatten.

Auch Menigs und Richmodis machten sich große Sorgen. »Mein Liebster«, sagte Richmodis eines Morgens, »ich kann das Leid der Menschen nicht länger mit ansehen. Wenn ich schon selbst keine Kinder habe, so möchte ich doch wenigstens den armen Kindern aus den Elendsvierteln helfen.« Mengis konnte seine Frau nicht davon abhalten. Und so ging Richmodis jeden Tag in die Elendsviertel der Stadt. Sie versorgte die Kranken mit Brot und frischem Wasser, hielt die Hände der Sterbenden und war den Waisenkindern eine Mutter.

Monate vergingen und die Pest wütete weiter. Die Totenglocken läuteten unentwegt und die Karren der Totengräber polterten durch die Stadt. Es waren schauderhafte Zeiten. Richmodis wandt all ihre Kräfte auf und setzte dabei ihr eigenes Leben aufs Spiel. Doch die Pest war stärker. Die Krankheit suchte auch sie heim. Die schöne Richmodis wurde immer schwächer und schwächer. Ausgerechnet sie, die allen anderen Menschen so sehr geholfen hatte.

Ihr Gemahl wachte jeden Tag und jede Nacht über ihren Schlaf. »Du darfst mich nicht verlassen«, flehte er seine geliebte Frau an. Doch Richmodis´ Kräfte schwanden weiter. »Ich fühle, dass ich sterben werde. Nimm den Ring, stecke ihn einer anderen Frau an den Finger, bekomme viele Kinder

mit ihr und werde glücklich.« Mengis jedoch schüttelte den Kopf, steckte den Ring zurück an ihren Finger und sagte: »Niemals werde ich mit einer anderen Frau so glücklich sein wie mit dir. Niemals werde ich eine andere so sehr lieben wie dich. Behalte den Ring. In ihm steckt der Zauber unserer ewigen Liebe.« Da schloss Richmodis ihre Augen und starb.

Mengis weinte bitterlich. Doch Zeit zum Trauern blieb ihm kaum. Schnell musste er die Totengräber holen. Er selbst hatte es als Ratsherr so angeordnet. Zwei Totengräber zogen Richmodis ein Leichenhemd an und brachten sie in die Friedhofskapelle von St. Aposteln. Dort legten sie die Schöne in einen weißen Sarg.

Es war schon spät am Abend, und so machten die beiden Totengräber schließlich Feierabend. Sie kehrten in eine Schänke ein und gönnten sich noch einen halben Schoppen Wein, als einer von ihnen sagte: »Mensch, so ein junges Ding. Eine echte Schande. Hast du den Ring gesehen, den sie trug? Der funkelte vielleicht. Der ist ganz schön was wert. Was hältst du davon, wenn wir den Ring unauffällig an uns nehmen und verkaufen? Dann bräuchten wir nie wieder als Totengräber zu arbeiten.« Der andere nickte, und so schlichen die beiden mit ihrer Laterne in der Hand zurück auf den Friedhof. Finster war es, kalt und unheimlich.

Sie betraten die Kapelle und öffneten vorsichtig den weißen Sarg der Richmodis. Einer der Totengräber zog und zog an ihrem Finger, doch der Ring schien wie festgewachsen und gab einfach nicht nach. Ein letztes Mal versuchte der Totengräber, ihr den Ring mit einem kräftigem Ruck vom Finger zu ziehen, da plötzlich schlug Richmodis die Augen auf.

»Wo bin ich? Wer seid ihr?«

Die Totengräber erstarrten vor Schreck, dann rannten sie so schnell sie konnten weg. Richmodis wunderte sich etwas über ihr seltsames Gewand, stieg aus dem Sarg und machte sich auf den Heimweg. Der Ring leuchtete ihr den Weg, so wie Mengis es ihr einst vorausgesagt hatte.

Sie klopfte zaghaft an die Pforte ihres Hauses. Doch niemand öffnete. Dann rüttelte sie kräftiger. Eine schlaftrunkene Magd lugte durch den Spalt eines Fensterladens und stieß einen Schrei aus: »Herr Mengis, Herr Mengis, vor der Tür steht der Geist der Richmodis und begehrt Einlass. Sicher ist das der Leibhaftige in Gestalt Eurer Gemahlin. Oder sollte etwa ein Wunder geschehen sein, und die Herrin ist lebendig zurückgekehrt?«

Da antwortete Mengis kopfschüttelnd: »Ehe meine Frau lebendig zu mir zurückkommt, steigen meine beiden Schimmel den Turm meines Hauses hinauf, strecken ihre Köpfe aus dem Fenster und wiehern laut.« Kaum hatte er seinen Satz zu Ende gesprochen, hörte man Getrappel im Hof. Die beiden Schimmel stürzten aus dem Stall und liefen die Treppe zum Turm hinauf, wo sie ihre Köpfe aus dem Fenster streckten und laut wieherten.

Da wusste Mengis, dass seine Richmodis tatsächlich lebendig zu ihm zurückgekehrt war. Er stürmte hinunter zum Tor und schloss sie in seine Arme. Ihre unsterbliche Liebe hatte den Tod besiegt. Und der Zauberring hatte ihnen dabei geholfen. Ein riesiges Freudenfest wurde auf dem Kölner Neumarkt gefeiert. Die beiden lebten glücklich und zufrieden und bekamen noch drei Söhne.

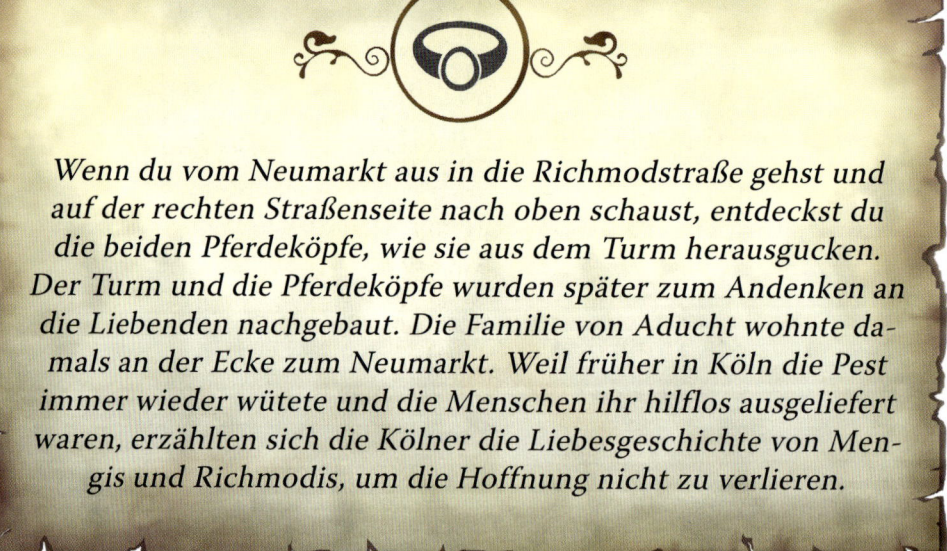

Wenn du vom Neumarkt aus in die Richmodstraße gehst und auf der rechten Straßenseite nach oben schaust, entdeckst du die beiden Pferdeköpfe, wie sie aus dem Turm herausgucken. Der Turm und die Pferdeköpfe wurden später zum Andenken an die Liebenden nachgebaut. Die Familie von Aducht wohnte damals an der Ecke zum Neumarkt. Weil früher in Köln die Pest immer wieder wütete und die Menschen ihr hilflos ausgeliefert waren, erzählten sich die Kölner die Liebesgeschichte von Mengis und Richmodis, um die Hoffnung nicht zu verlieren.

23

Die Spürnase des Marsilius

Vor fast 2000 Jahren lebte in der »Colonia Claudia Ara Agrippinensium«, wie Köln zur Römerzeit hieß, ein edler Bürger mit dem Namen Marsilius. Er war groß und kräftig und hatte eine beeindruckende Hakennase. Das ist zwar nichts Ungewöhnliches für einen Römer, aber die Nase des Marsilius besaß darüber hinaus einen erstaunlichen Spürsinn. Sie witterte sofort, wenn Gefahr drohte oder sonst ein Unglück in der Luft lag. Dann juckte sie nämlich auf unerträgliche Weise.

Mit dieser außergewöhnlichen Fähigkeit ausgestattet machte Marsilius sich bald einen Namen in der Stadt, denn dank seiner Nase wusste er immer im rechten Moment das Richtige zu tun.

Bald stieg er zum direkten Berater von Vitellius auf. Als Statthalter war Vitellius der wichtigste Mann in der Colonia. Er war auch Oberbefehlshaber des niedergermanischen Heeres und wohnte in einem Palast, dem Praetorium. Vitellius hielt große Stücke auf die Meinung des Marsilius und suchte bei wichtigen Entscheidungen häufig seinen Rat. Marsilius' Spürnase wusste stets, was zu tun war. Allerdings musste Marsilius die meiste Zeit vermitteln und Streit schlichten. Vitellius war nämlich ein Tyrann. Er behandelte die Bürger der Colonia schlecht, und sie litten unter seinem strengen Regiment. Und im Jahr 69 nach Christus, nachdem Kaiser Nero in Rom gestorben war, wurde er sogar noch zum Kaiser ausgerufen.

Nach seiner feierlichen Ernennung ließ Vitellius seinen Berater Marsilius zu sich rufen.

»Marsilius«, sagte er, »ich muss dringend nach Rom reisen. Dort herrscht große Verwirrung darüber, wer nach dem Tod von Kaiser Nero sein recht-

mäßiger Nachfolger werden soll. Im Moment gibt es vier Kaiser im römischen Reich, und einer davon bin ich. Aber du wirst sehen, ich werde mich behaupten. Schließlich regiere ich die Colonia, die Geburtsstadt von Neros Mutter Julia Agrippina, die unserer schönen Stadt den Namen gegeben hat. Während meiner Abwesenheit sollst du hier in der Colonia das Kommando übernehmen. Deine Spürnase wird dir dabei helfen und dir den richtigen Weg weisen.«

Am nächsten Tag machte sich Vitellius auf den Weg nach Rom. Die Bürger der Colonia atmeten auf. Sie waren froh, dass er endlich die Stadt verließ. Sie hatten Vitellius nie gemocht, und als Kaiser wollten sie ihn erst recht nicht. Deswegen weigerten sie sich auch standhaft, ihn als ihren Kaiser anzuerkennen. Marsilius hingegen vertrauten sie, denn er war gutherzig und allseits beliebt. Ihn wählten sie zu ihrem neuen Statthalter und hofften, der furchterregende Vitellius möge niemals mehr aus Rom zurückkehren. Falls doch, musste die Colonia gegen seinen Angriff gewappnet sein.

Von nun an gab es für Marsilius viel zu tun. Zur Sicherheit der Bürger ließ er die Stadt besonders gut bewachen. Tag und Nacht brannten die Wachtfeuer auf den Stadtmauern, damit man herannahende Feinde sofort erkennen konnte. Ein ganzes Heer von Kurieren schickte er aus, um die Gegend auszukundschaften.

Eines Abends, als Marsilius sich nach einem anstrengenden Tag zu Bett legen wollte, begann seine Nase plötzlich zu jucken. So sehr er sich auch kratzte und daran rieb, der Juckreiz wurde immer schlimmer.

»Nasus, quid pruris?«, fragte Marsilius seinen langen Riecher auf Lateinisch. »Nase, was juckst du?«

»Hatschi! Hatschi!«, machte die Nase.

Zweimal Niesen, das bedeutete nichts Gutes. Marsilius spähte zum Fenster hinaus und sah einen seiner Kuriere auf den Palast zureiten. Der Kurier

26

rief zu ihm hinauf: »Marsilius, aus dem Süden nähert sich das Heer des Vitellius. Er ist aus Rom zurück und hat erfahren, dass ausgerechnet wir, die Bürger seiner Colonia, ihn nicht als Kaiser anerkennen wollen und ihn außerdem als Statthalter abgesetzt haben. Nun will er sich rächen und uns angreifen. In etwa drei Tagen werden seine Truppen hier sein. Marsilius, beschütze das Volk der Colonia vor diesem Grobian!«

Marsilius' Nase hatte ihn also nicht getrogen. Jetzt wusste er, warum sie so gejuckt hatte. »Wie furchtbar, wir müssen schnell handeln. Noch heute Nacht will ich mir eine Strategie überlegen."

Als der Kurier fortgeritten war, blieb Marsilius am Fenster sitzen und blickte auf die in der Dunkelheit liegende Stadt.

»Wir sind in großer Gefahr«, dachte er, »nun ist guter Rat teuer, sonst wird es der Colonia schlecht ergehen. Mal sehen, was meine Nase mir rät. Nasus, quid pruris?«

Er schloss die Augen, atmete tief durch seine Nase ein und konzentrierte sich. »Hatschi, Hatschi!«

Was roch er da? Feuer! Er riss die Augen auf. Sollte es etwa irgendwo in der Colonia brennen? Nein, es war nur der Geruch der Wachtfeuer auf der Stadtmauer, die jede Nacht brannten. Bald würden sie erlöschen, denn die Holzvorräte der Stadt waren fast aufgebraucht, und man würde in den Wäldern vor den Toren der Stadt Holz schlagen müssen. Und was, wenn ausgerechnet dann die Truppen des Vitellius angriffen? Nicht auszudenken!

»Hatschi!« Und schon hatte er eine Idee. »Holz schlagen, genau das ist die Lösung! Wir werden Vitellius an der Nase herumführen.«

Am nächsten Morgen ließ er alle Bürger der Stadt versammeln und verkündete seinen Plan: »Bürger von Colonia, uns droht große Gefahr. Vitel-

lius' Truppen wollen uns überfallen, aber wir werden sie in die Irre führen, und dabei sollt ihr alle helfen, Männer wie Frauen. Hört meinen Plan: Wir müssen Holz schlagen gehen in den Wäldern vor der Stadt, damit die Wachtfeuer auf der Stadtmauer weiterbrennen können. Unsere Holzfäller werden dieses Mal allerdings keine Männer sein, sondern wir schicken unsere Frauen in Legionärskleidung mit Waffen, Helmen und falschen Bärten, sodass man meinen könnte, es mit Männern zu tun zu haben. Schwere Wagen sollen sie dabei haben, und eskortiert werden sie zu ihrem Schutz von einem Trupp echter Legionäre. Um sie noch unkenntlicher zu machen, ziehen sie Äste und Zweige hinter den Wagen her, die recht viel Staub aufwirbeln. Dann nämlich denken die bösen Widersacher, sämtliche Legionäre der Stadt seien ausgezogen, Holz zu schlagen, und die Colonia sei unbewacht. Wenn sie dann angreifen und meinen, sie hätten ein leichtes Spiel, wollen wir Männer uns ihnen entgegenstellen und unsere Stadt verteidigen.«

So rüstete sich die Colonia. Zwei Tage später verließen in den frühen Morgenstunden die als Legionäre verkleideten Frauen die Stadt und machten sich auf in die Wälder. Mit derben Schritten, verstellten Stimmen und angeklebten Bärten begleiteten sie die Wagen, hinter denen Zweige und Geäst

für eine ordentliche Staubwolke sorgten. Vorne, hinten und an den Seiten des Zuges gingen jeweils echte Legionäre, für den Fall eines Angriffs.

Als die Truppen des Vitellius die riesige Legion in die Wälder marschieren sahen, dachten sie, die Stadt sei unbewacht und griffen an.

»Attacke!«, so tönte der Schlachtruf des Vitellius.

Das hörten die Frauen von Weitem, und als sie sich umdrehten, sahen sie, wie die feindlichen Truppen auf die Colonia zustürmten und ihre Schwerter zückten: »Öffnet die Tore, sonst rennen wir sie ein«, riefen sie. Die Stadttore öffneten sich und mit lautem Geheul drangen die Truppen ein.

Als sich hinter ihnen die Tore wieder geschlossen hatten, stiegen die Männer der Colonia auf die Mauern und zeigten sich. Vitellius' Truppen erkannten verwirrt, dass die Legionäre der Colonia in der Überzahl waren und sie keinerlei Möglichkeit hatten, sich zu retten. Es war zu spät, sie waren eingekesselt und mussten sich kampflos ergeben. Aber woher hatte die Colonia plötzlich so verflixt viele Legionäre? Hatte man heimlich aufgerüstet? Sie hatten doch gerade erst mit eigenen Augen gesehen, wie die Legionäre allesamt in die Wälder gezogen waren.

Doch da öffneten sich die Stadttore erneut und die Frauenlegion kehrte kichernd zurück. Die Gefangenen trauten ihren Augen nicht: Frauensleut', war denn das die Möglichkeit? Frauen als Legionäre verkleidet, bewaffnet und mit falschen Bärten – und darauf waren sie hereingefallen. Wie dumm sie doch waren.

Und so wurden die feindlichen Truppen ins Gefängnis gesperrt. Vitellius sollte für seinen Angriff mit dem Tode bestraft werden.

Das letzte Urteil durften aber die Frauen über ihn fällen und sie verkündeten schlau und weise: »Vitellius, wir schenken Euch und Euren Männern das Leben, aber nur wenn Ihr uns das Versprechen gebt, dass Ihr die Colo-

nia niemals wieder überfallen werdet, sondern im Gegenteil, sobald Ihr hört, dass feindliche Übergriffe auf die Stadt geplant sind, sofort zu unserer Hilfe eilt und als unsere Verbündete mit uns die Stadt verteidigt. Außerdem sollt Ihr die Colonia unwiderruflich als freie Stadt anerkennen.«

Vitellius gab ihnen sein Wort und Marsilius die Hand darauf. Auf diese Weise schafften es die Bürger der Colonia, sich ihre Feinde zu Beschützern zu machen. Und all das verdankten sie dem Einsatz der Frauen und natürlich der Spürnase des Marsilius. Viva Colonia!

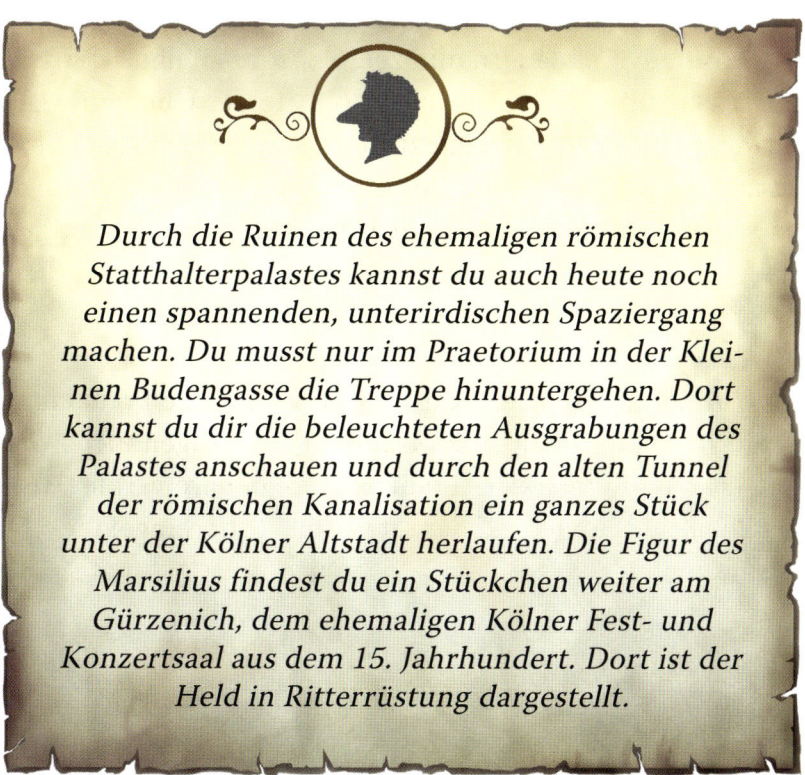

Durch die Ruinen des ehemaligen römischen Statthalterpalastes kannst du auch heute noch einen spannenden, unterirdischen Spaziergang machen. Du musst nur im Praetorium in der Kleinen Budengasse die Treppe hinuntergehen. Dort kannst du dir die beleuchteten Ausgrabungen des Palastes anschauen und durch den alten Tunnel der römischen Kanalisation ein ganzes Stück unter der Kölner Altstadt herlaufen. Die Figur des Marsilius findest du ein Stückchen weiter am Gürzenich, dem ehemaligen Kölner Fest- und Konzertsaal aus dem 15. Jahrhundert. Dort ist der Held in Ritterrüstung dargestellt.

Die spukende Milchmagd

Paul und Theo waren Nachbarsjungen. Sie wohnten direkt an der Burgmauer, einer Straße, die gegenüber dem Dom beginnt und an der alten römischen Stadtmauer entlangführt. Von klein auf waren sie beste Freunde. Jeden Tag spielten sie zusammen, heckten Streiche aus und schmiedeten die abenteuerlichsten Pläne. Und eines war gewiss: Sie waren zwei richtige Lausbuben.

Eines Tages hatte Paul eine großartige Idee. Es war Vollmond, und er wollte eine Nachtwanderung über die Burgmauer bis zum Dom machen. Theo war das zu unheimlich.

»Was ist, wenn uns im Dunkeln ein Gespenst begegnet?«

»Ach Theo«, sagte Paul, »Gespenster gibt es doch gar nicht. Das wird ein spannendes Abenteuer. Wir treffen uns Schlag zwölf an der Burgmauer.«

Pünktlich um Mitternacht schlichen sich die beiden Jungen leise aus dem Haus. Die Nacht war neblig, und es nieselte leicht. Sie kletterten auf die Burgmauer, schauten sich noch einmal um, ob auch niemand sie gesehen hatte, und marschierten los in Richtung Dom. Weit kamen sie jedoch nicht.

»Da!«, hielt Theo plötzlich inne. »Hast du das gesehen?«

»Was?«

»Na, da, sieh nur!«

Die beiden trauten ihren Augen nicht. Eine weiße Gestalt kam über die Burgmauer geradewegs auf sie zu. Sie schien zu schweben wie ein Geist und schluchzte laut. Den Jungen schlotterten die Knie. Als die Gestalt näher kam, erkannten sie eine fast durchsichtige Frau in der Tracht einer Milchmagd. Sie trug ein weißes Spitzenhäubchen auf dem Kopf und einen Krug in der Hand.

»Halv Wasser, halv Milch, leev Lück, sid minger ärm Siel gnädig un verzeiht mir«, jammerte die Frau. Dann wanderte sie schluchzend weiter und verschwand schließlich.

»Lass uns zurücklaufen«, rief Theo. »Hier spukt´s!«

Sie rannten nach Hause und verkrochen sich schnell in ihre Betten. War das ein Traum gewesen, oder hatten sie wirklich ein Gespenst gesehen?

Am nächsten Morgen erzählte Pauls Vater, dass die alte Lisbeth, eine Milchmagd aus dem Veedel, in der Nacht gestorben sei. Jeden Tag hatte sie an der Burgmauer Milch verkauft. Die Leute erzählten sich, dass sie die Milch heimlich mit Wasser verdünnt hatte.

»Sie dachte, das würde niemand bemerken. Aber da kannte sie die Kölner schlecht«, sagte Pauls Vater. »Der Betrügerin wollte schließlich keiner mehr Milch abkaufen. So ist sie letzte Nacht einsam und bettelarm gestorben.«

Jetzt wusste Paul Bescheid. Das Gespenst, das die beiden letzte Nacht auf der Burgmauer gesehen hatten, war also der Geist der Milchmagd. Weil sie ihr Leben lang die Leute betrogen hatte, schien ihre Seele nach dem Tod keinen Frieden zu finden. So spukte sie auf der Burgmauer herum und flehte, die Leute mögen ihr verzeihen.

Paul erzählte alles seinem Freund: »Die Milchmagd tut mir ganz schön leid. Was sollen wir jetzt machen?«, fragte er Theo. Und der hatte wieder eine richtig gute Idee: »Lass uns die alte Lisbeth erlösen!«

»Und wie?«

»Ganz einfach. Wir werden sie auf die Probe stellen. Beim nächsten Vollmond klettern wir wieder auf die Burgmauer und kaufen ihr einen Krug Milch ab. Mal sehen, ob sie immer noch betrügt oder endlich ehrlich geworden ist.«

Einen ganzen Monat mussten die beiden Jungen bis zur nächsten Vollmondnacht warten, aber das gab ihnen wenigstens noch Zeit, ein paar Pfennige für die Milch aufzutreiben. Als es endlich so weit war, schlichen sie wieder heimlich auf die Burgmauer.

Nachdem es Mitternacht geschlagen hatte, sahen sie schon von Weitem die fast durchsichtige Milchmagd auf sich zuschweben. Wieder jammerte sie und schluchzte bitterlich.

»Oh, leev Lück, sid minger ärm Siel gnädig un verzeiht mir!«

Theo nahm all seinen Mut zusammen.

»Lisbeth, wir haben großen Durst. Verkaufst Du uns einen Krug Milch? Ist sie rein, wollen wir dich gut dafür bezahlen.« Langsam hob Lisbeth ihren weißen Arm und hielt ihnen die ausgestreckte Hand entgegen, damit die Jungen das Geld hineinlegen konnten.

»Halt, halt«, sagte Theo. »Lass uns erst probieren, sonst wissen wir ja nicht, ob du Wasser hineingemischt hast.«

Da zog die Milchmagd einen Schöpflöffel aus ihrer Schürzentasche und reichte ihn den Jungen. Nacheinander probierten sie und konnten es kaum glauben. Es war die reinste Milch, die sie jemals getrunken hatten.

35

»Köstlich ist sie, diese Milch. Dein Betrug aus vergangenen Zeiten soll dir vergeben sein«, sagte Paul, »denn jetzt verkaufst du die leckerste und reinste Milch im ganzen Veedel. Das werden wir allen erzählen.«

Jeder von ihnen zog ein paar Pfennige aus der Hosentasche und gab sie der alten Lisbeth, die ihnen daraufhin den Milchkrug überreichte.

»Habt Dank, leev Pänz«, sprach sie und verschwand leise summend über die Burgmauer in der Dunkelheit.

In den kommenden Vollmondnächten kletterten Paul und Theo immer wieder auf die Burgmauer und hielten Ausschau nach der spukenden Milchmagd, aber sie war tatsächlich erlöst worden und kam nicht mehr zurück.

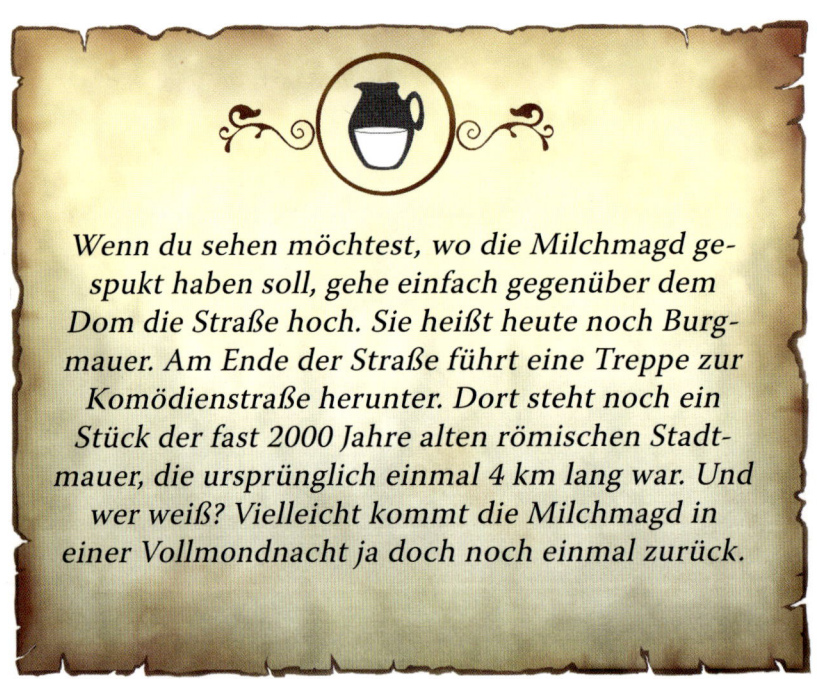

Wenn du sehen möchtest, wo die Milchmagd gespukt haben soll, gehe einfach gegenüber dem Dom die Straße hoch. Sie heißt heute noch Burgmauer. Am Ende der Straße führt eine Treppe zur Komödienstraße herunter. Dort steht noch ein Stück der fast 2000 Jahre alten römischen Stadtmauer, die ursprünglich einmal 4 km lang war. Und wer weiß? Vielleicht kommt die Milchmagd in einer Vollmondnacht ja doch noch einmal zurück.

Das wundersame Hühnerfutter

Auf einem Hof im Bergischen Land wohnte einst eine Bäuerin. Sie hatte eine ganz besondere Gabe, denn sie konnte das beste und leckerste Hühnerfutter weit und breit zubereiten. Das Rezept stammte von ihrer Urgroßmutter, die das Futter schon vor langer Zeit angerührt hatte. Hier ein paar Körner, da ein paar Kräuter, schließlich einige Tropfen Öl dazu – dann vermengte sie alles geschickt, und fertig war ihr Wunderfutter. Und noch bevor der Hahn in der Früh krähte, flatterten die ersten Hühner gackernd herbei und machten sich über das köstliche Futter her.

Niemand kannte das Rezept der Bäuerin. Sicher war nur, dass die Körnermischung wahre Wunder wirkte: Hühner, die sie fraßen, legten besonders viele und große Eier. Deshalb kamen Bauern aus der ganzen Umgebung zu ihr, um das wundersame Hühnerfutter zu kaufen.

Nun begab es sich eines Tages, dass ein Wandergeselle früh am Morgen auf den Hof kam. Er war auf dem Weg nach Köln und hatte in der Nacht nur kurz geruht. Eine letzte Stärkung bevor er in die Stadt käme, täte ihm jetzt gut.

Hungrig betrat er die Stube und rief nach den Hausherren. Als niemand auf sein Rufen antwortete, setzte er sich an den Tisch und wartete. Vor ihm stand eine Schüssel mit einer gar merkwürdigen Speise. Brot, Wurst oder Käse hätte der Wandersmann auf einem Hof erwartet, aber doch kein Körnergericht!

Vom Hunger geplagt beschloss er, davon zu kosten. Und siehe da, es schmeckte vorzüglich. Schnell scheffelte er noch ein paar Löffel in einen Beutel und verstaute ihn in seinem Rucksack.

Da trat die Bäuerin in die Stube. Sie hatte gerade nach den Hühnern geschaut und bemerkte nicht, dass der Wanderer sich unerlaubt am Essen bedient hatte.

Freundlich begrüßte sie ihn und bot ihm frisches Brot und ein Glas Beerenmost an.

Der Wanderer freute sich über die Gastfreundschaft, erzählte der Bauersfrau aber nicht, dass er heimlich genascht hatte. Dass er nach Köln wolle, sagte er. Dort suche er Arbeit als Geselle. Die Bäuerin wünschte ihm viel Glück. Er bedankte sich für die Stärkung, nahm seinen Rucksack und ging von dannen.

Er wanderte durch die Wälder und pfiff fröhlich ein paar Lieder. Bald würde er Köln erreichen. Ab und zu machte er eine Pause und aß von dem köstlichen Essen, das er aus der Schüssel der Bauersfrau stibitzt hatte.

Doch nach einiger Zeit wurde dem Wandersmann übel. In seinem Bauch zwickte etwas, sein Magen rumorte. Er krümmte sich vor Schmerzen. Schließlich schlug er sich ins Strauchwerk, um sein Geschäft zu verrichten und hockte sich hin. Da geschah das Unfassbare: Er legte ein Ei!

»Heiliger Strohsack, ein Ei«, staunte er.

Ungläubig betrachtete er das stattliche Exemplar, das seinem Darm entschwunden war, und verstand die Welt nicht mehr. »Hilft nichts«, dachte er, »ich muss weiter.«

Kaum in Köln angekommen, zwickte der Bauch wieder. Ihm schwante Schlimmes. Sollte er etwa wieder ein Ei legen müssen? In den engen Gassen suchte er sich ein stilles Örtchen und… legte ein weiteres Ei.

»Wie kann es sein, dass ich plötzlich Eier lege?«, fragte er sich. Da fiel ihm die Körnerspeise der Bäuerin ein, von der er heimlich gegessen hatte. Hätte er doch die Finger davon gelassen!

Wie ein aufgescheuchtes Huhn rannte er nun kreuz und quer durch die Stadt und wusste nicht, wo er sein nächstes Ei legen sollte. Schnell sprach sich herum, dass ein Eierleger durch die Stadt irre. Kinder liefen ihm nach und machten sich über den Eier legenden Wandergesellen lustig. Immer, wenn er ein Ei legte, gackerten sie laut pock, pock, pock und lachten ihn aus.

In seiner Not flüchtete er in den Dom. Dort legte er sein letztes Ei im Beichtstuhl, während er dem Pfarrer sein Vergehen gestand und um Verzeihung bat. Der Pfarrer erlöste ihn von Schuld und Pein und freute sich über das Frühstücksei.

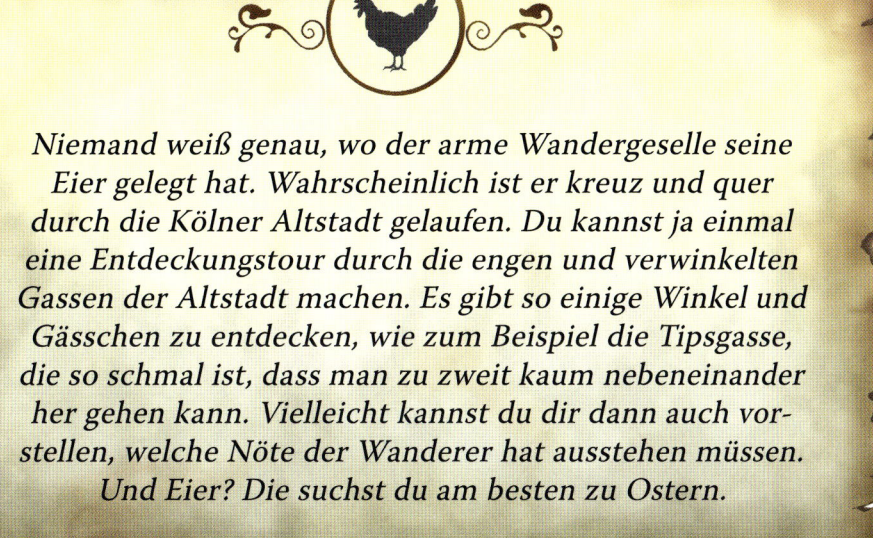

Niemand weiß genau, wo der arme Wandergeselle seine Eier gelegt hat. Wahrscheinlich ist er kreuz und quer durch die Kölner Altstadt gelaufen. Du kannst ja einmal eine Entdeckungstour durch die engen und verwinkelten Gassen der Altstadt machen. Es gibt so einige Winkel und Gässchen zu entdecken, wie zum Beispiel die Tipsgasse, die so schmal ist, dass man zu zweit kaum nebeneinander her gehen kann. Vielleicht kannst du dir dann auch vorstellen, welche Nöte der Wanderer hat ausstehen müssen. Und Eier? Die suchst du am besten zu Ostern.

Eine teuflische Wette

Gerhard von Ryle war ein fleißiger, ehrgeiziger Mann, und er hatte Großes vor in Köln. Über 750 Jahre ist das nun her. Im Jahr 1248 begann er mit dem Bau einer gotischen Kathedrale, die die schönste und höchste weit und breit werden sollte – dem Kölner Dom. Deshalb nannte man ihn auch den Dombaumeister Gerhard.

Ein ganzes Heer von Zimmermännern, Steinmetzen und Handwerkern hörte auf sein Kommando. Sie hatten großen Respekt vor ihrem Meister. Denn wer seine Anweisungen nicht genau befolgte oder gar Widerworte gab, wurde auf der Stelle entlassen und musste sich eine neue Arbeit suchen.

Meister Gerhard wollte den Dom unbedingt zu Lebzeiten fertigstellen. Kein anderer sollte jemals das Werk vollenden und den Ruhm ernten. Deshalb beobachtete Meister Gerhard auch mit Argwohn, wie seit einigen Tagen ein kleiner fremder Mann mit schwarzem Umhang und Spitzbärtchen auf der Baustelle umherschlich und behauptete, er wäre tausendmal besser als der Dombaumeister.

»Verflixt und zugenäht«, dachte Meister Gerhard. »Wer ist dieser hagere Kerl? Und was will er nur?«

Wutentbrannt lief Meister Gerhard auf den Fremden zu und nahm ihn sich zur Brust: »He, Fremder, macht dass Ihr hier wegkommt. Ihr habt hier nichts zu suchen, Ihr Angeber.«

Doch der Fremde entgegnete: »Über Euer Kirchlein hier kann ich nur lachen! Auf diesem wackeligen Fundament soll einmal ein Dom stehen? Wenn Ihr so weitermacht, werdet Ihr nie fertig.«

Da wurde Meister Gerhard noch wütender: »Jetzt reicht´s mir aber! Wer meint, er könne alles besser als die anderen, muss es erst einmal beweisen.«

»Kein Problem«, sagte das Männchen. »Ich werde Euch beweisen, dass ich besser bin als Ihr. Ich wette, dass ich ein vergleichbar großes Bauvorhaben schneller vollende als Ihr den Dom. Ich werde eine gigantische Wasserleitung von der Eifel über Täler und Hügel bis nach Köln bauen.«

Meister Gerhard dachte nach. So eine Wasserleitung war ein sehr schwieriges Unterfangen. Selbst die alten Römer hatten damit schon ihre liebe Mühe gehabt. Kaum einer kannte nämlich den Trick, den nur ein echter Baumeister wusste. Man musste in regelmäßigen Abständen ein Loch in die Leitung bohren, damit das Wasser fließen konnte. Das wusste dieses Kerlchen bestimmt nicht, da war sich Meister Gerhard sicher.

»Also gut«, sagte Meister Gerhard. »Worum wetten wir?«

»Um Eure Seele! Gewinnt Ihr, sollt Ihr zehn Seelen haben, verliert Ihr, ist die Eurige mein«, sagte das Männchen.

Siegessicher gaben sie sich die Hand. Da durchzuckte es Meister Gerhards Körper wie von einem Blitzschlag getroffen, und der Fremde rief: »Noch ehe Ihr Euren Dom vollendet habt, wird das Wasser zu Euren Füßen fließen. Und wenn Ihr eine Ente auf dem Wasser schnattern hört, dann habt Ihr verloren.«

Dann zischte es und das Männchen war verschwunden. Meister Gerhard erstarrte. Jetzt fiel es ihm wie Schuppen von den Augen: Er hatte eine Wette mit dem Teufel abgeschlossen!

Meister Gerhard bekam es mit der Angst zu tun. Den Dombau trieb er von nun an kräftig voran und hoffte, der Teufel würde niemals von dem Geheimnis der Luftlöcher erfahren. Denn sonst wäre es um seine Seele geschehen. Er aß nicht mehr, er schlief nicht mehr und arbeitete Tag und Nacht

auf der Baustelle. Schließlich wurde er ganz krank. Seine Frau machte sich große Sorgen.

In der Zwischenzeit hatte der Teufel die Wasserleitung gebaut. Aber gewonnen hatte er die Wette noch lange nicht, denn das Wasser wollte einfach nicht fließen. Nächtelang zerbrach sich der Teufel den Kopf.

»Verdammt bei allen Höllenfeuern! Ich muss herausfinden, was ich falsch mache«, fluchte der Teufel. Erneut machte er sich auf den Weg nach Köln.

Dort sprach sich schnell herum, dass Meister Gerhard erkrankt war. Da hatte der Teufel eine listige Idee: Er gab sich als weiser Mann mit heilenden Händen aus.

Als Meister Gerhards Frau am nächsten Tag auf dem Heumarkt Kräuter für ihren Mann kaufen wollte, hörte sie eine der Marktfrauen von dem neuen Medikus erzählen. Schnell erkundigte sie sich, wo er zu finden sei, und machte sich auf den Weg zu ihm: »Bitte, bitte, helft meinem Mann.«

Der angebliche Arzt sprach sogleich: »Das mache ich gerne. Dazu muss ich aber wissen, woher seine Ängste und Sorgen stammen, nur dann kann ich Eurem Mann wirklich helfen.« Und so gab er ihr einen Zaubertrank mit, der ihren Mann die Wahrheit sprechen lassen sollte.

Noch am selben Abend mischte sie ihrem Mann den Zaubertrank in den Tee. Und dann passierte es: Nachts erzählte Meister Gerhard im Schlaf die ganze Geschichte von der Wette und verriet auch das Geheimnis der Luftlöcher.

Gutgläubig gab die Frau am nächsten Tag alles dem Medikus weiter. Sie konnte ja nicht ahnen, daß auch sie sich mit dem Teufel einließ. Kaum hatte sie von den Luftlöchern in der Wasserleitung erzählt, zischte es und der Mann war verschwunden.

Als Meister Gerhard am nächsten Morgen auf seinem Gerüst am Domchor stand, hörte er unter sich plötzlich Wasser fließen und eine Ente schnattern. Er erstarrte. Die Wette war verloren, der Teufel hatte gewonnen. Aus lauter Hochmut hatte er seine Seele verspielt.

Erzürnt zerriss Meister Gerhard seine Dombaupläne und stieß einen schauerlichen Fluch aus: »Wenn ich nicht den Kölner Dom vollende, so soll es auch niemand anderes!«

Noch bevor der Teufel seinen Wetteinsatz einfordern konnte, stürzte sich Meister Gerhard von dem Gerüst in die Tiefe. In diesem Moment sprang wie aus dem Nichts der Teufel hinter ihm her und riss seine Seele mit sich in die Hölle.

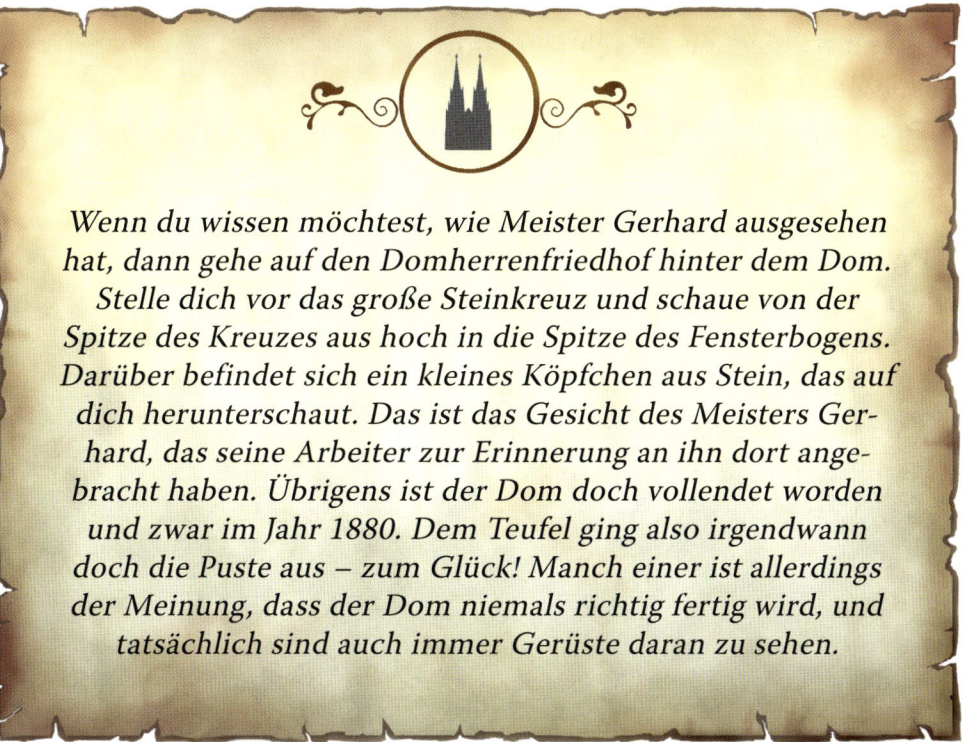

Wenn du wissen möchtest, wie Meister Gerhard ausgesehen hat, dann gehe auf den Domherrenfriedhof hinter dem Dom. Stelle dich vor das große Steinkreuz und schaue von der Spitze des Kreuzes aus hoch in die Spitze des Fensterbogens. Darüber befindet sich ein kleines Köpfchen aus Stein, das auf dich herunterschaut. Das ist das Gesicht des Meisters Gerhard, das seine Arbeiter zur Erinnerung an ihn dort angebracht haben. Übrigens ist der Dom doch vollendet worden und zwar im Jahr 1880. Dem Teufel ging also irgendwann doch die Puste aus – zum Glück! Manch einer ist allerdings der Meinung, dass der Dom niemals richtig fertig wird, und tatsächlich sind auch immer Gerüste daran zu sehen.

Zwei Karnevalsgespenster

laaf! Alaaf! Karneval in Kölle! Wie jedes Jahr feierten die Kölner als Hexen, Geister oder Teufel verkleidet den Fastelovend auf dem Alter Markt. Seit elf Uhr elf schunkelten und tanzten sie fröhlich durch die Stadt. Während die Kinder mit ihren Trömmelchen durch die Straßen zogen, sangen die großen Jecken in den Wirtsstuben kölsche Lieder. So manch einer schaute dabei zu tief in den Bierkrug und torkelte am Ende des Tages beschwipst nach Hause.

Unter all den Narren geisterte auch ein kleines Gespenst durch die Gassen. Es versteckte sich hinter Mauern, sprang plötzlich hervor und erschreckte die vorbeilaufenden Jecken mit einem lauten Hui Hui. So eine gruselige Verkleidung hatten die Leute noch nie gesehen.

»Sieht ja beinahe aus wie ein wahrhaftiges Gespenst«, riefen sie. In der Tat sah es gespenstisch echt aus: Es war kreidebleich und trug ein wehendes weißes Gewand.

So ging es stundenlang. Als es dunkel wurde, hatte das Gespenst genug gespukt und wollte wieder nach Hause. Aber wohin es auch geisterte, es fand den Weg nicht mehr.

Jeden, der des Weges kam, fragte es nun: »Hui, hui, wo bitte geht´s denn hier zum Friedhof?«

Aber alle fürchteten sich vor ihm und zogen schnell weiter, ohne ihm eine Antwort zu geben. Wer will denn auch schon an Karneval nach dem Friedhof gefragt werden?

Mit der Zeit wurde das Gespenst immer trauriger: »Kann mir denn keiner helfen?«, schluchzte es. Weinend ließ es sich auf einem Treppenabsatz nieder. »Ich will doch nur nach Hause auf den Friedhof.«

Das hörte ein kleines Mädchen. Es war in ein weißes Bettlaken gehüllt und ebenfalls als Gespenst unterwegs.

»Du wohnst auf dem Friedhof?«, fragte es und setzte sich zu ihm. Da freute sich das kleine Gespenst, dass endlich jemand mit ihm sprach.

»Was willst du denn da? Da sind doch nur Gräber«, fragte das Mädchen erstaunt.

»Ich bin ein echtes Gespenst. Ich wohne und spuke dort – Melatenfriedhof, dritte Reihe rechts, zweiter Stein links unter der alten Kastanie, und ich möchte unbedingt dorthin zurück. Aber ich habe mich verlaufen.«

Da war das Mädchen ganz schön verdutzt. »Du bist ein echtes Gespenst?«, fragte es ungläubig.

»Ja, aber du brauchst keine Angst vor mir zu haben. Ich bin eigentlich ein ganz braves Gespenst, das ausgerissen ist, um an Karneval die Leute ein bisschen zu erschrecken. Auf dem Friedhof fürchtet sich ja niemand vor mir unter all den Gespenstern. Dabei erschrecke ich andere doch so gerne. Das hat mir nämlich schon zu Lebzeiten so viel Spaß gemacht. Ich wohnte früher mit meiner Familie an der Kirche St. Kolumba. An Karneval trug ich gerne eine weiße Maske vor dem Gesicht und um den Hals einen Rosenkranz. In den Händen hielt ich einen Palmzweig und ein kleines schwarzes Kreuz. Ich sah aus, als wäre ich mausetot. Da gruselten sich die Leute vor mir und liefen fort. Im Jahr 1790 bin ich dann gestorben und seit Anfang des 19. Jahrhunderts spuke ich auf dem Melatenfriedhof.«

»Ach, du lieber Himmel«, sagte das Mädchen, »dann bist du ja schon lange tot. In der Zwischenzeit ist viel passiert hier in Köln. Stell dir vor, zuerst wollten uns die Franzosen und dann die Preußen den Karneval verbieten. So ein wildes Treiben auf den Straßen gefiel ihnen gar nicht. Aber die Kölner feiern viel zu gerne, als dass sie sich die fünfte Jahreszeit verbieten lassen und haben sich durchgesetzt. Mittlerweile haben wir sogar einen Rosenmontagszug. Den musst du mal sehen. Da werden Kamelle und Strüßjer von prächtigen Festwagen geworfen.«

»Ach wirklich?«, staunte da das Gespenst, »das gab´s zu meiner Zeit noch nicht.«

»Wenn du willst, zeige ich dir einmal, wie die Kölner heute Karneval feiern«, sagte das Mädchen, »und danach bringe ich dich nach Hause. Ich wohne nämlich ganz in der Nähe des Melatenfriedhofs an der Aachener Straße. Los, komm mit!«

Da liefen die beiden Gespenster, das echte und das unechte, Hand in Hand durch die Kölner Straßen und feierten ganze sechs Tage lang Karneval. Sie

tanzten Stippeföttche an der Ulrepforte, besuchten den Karnevalsball im Gürzenich und sammelten Kamelle auf dem Rosenmontagszug am Neumarkt. Kölle Alaaf!

Doch am Aschermittwoch war alles vorbei. Zeit für das Gespenst wieder auf den Friedhof zurückzukehren. Das Mädchen löste sein Versprechen ein und brachte das Gespenst nach Hause. Die beiden gingen durch das Hahnentor hinaus bis zum Melatenfriedhof.

»Wir sind da«, sagte das Mädchen.

»Ich danke dir sehr. Es war schön, mal so richtig Karneval zu feiern«, sagte das Gespenst und bützte das Mädchen.

»Sehen wir uns wieder?«, fragte das Mädchen.

»Na klar, nächstes Jahr Karneval. Selbe Zeit, selber Ort, hui, hui.« Dann verschwand das Gespenst auf dem Friedhof.

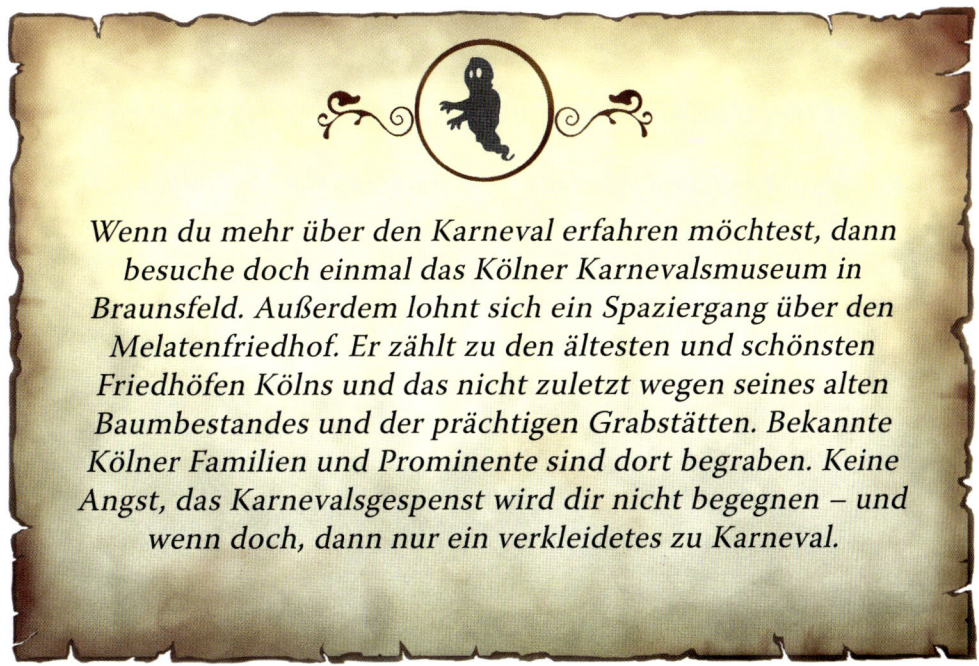

Wenn du mehr über den Karneval erfahren möchtest, dann besuche doch einmal das Kölner Karnevalsmuseum in Braunsfeld. Außerdem lohnt sich ein Spaziergang über den Melatenfriedhof. Er zählt zu den ältesten und schönsten Friedhöfen Kölns und das nicht zuletzt wegen seines alten Baumbestandes und der prächtigen Grabstätten. Bekannte Kölner Familien und Prominente sind dort begraben. Keine Angst, das Karnevalsgespenst wird dir nicht begegnen – und wenn doch, dann nur ein verkleidetes zu Karneval.

Frecher Fratz und alter Grien

Es war eine kalte Winternacht. Im Kölner Martinsviertel war es stockdunkel. Keine Menschenseele war mehr auf der Straße. Die Kölner schliefen tief und fest. Plötzlich drang ein herzhaftes Gähnen durch die Gassen der Altstadt: »Uaah.«

Danach herrschte wieder Totenstille. Dann noch einmal, nur etwas länger: »Uaaaaaaah« – und Fratz, der kleine Steinkopf am Gasthaus Zur Krone, schlug die Augen auf.

»Brrr, ist das kalt! Da wacht man alle Jubeljahre mal auf und dann auch noch mitten im Winter. Dabei habe ich so schön geschlafen.«

Er schaute sich um und betrachtete die Häuserfassaden rings um den Platz vor der Kirche Groß St. Martin: »Hm, von den Kollegen ist wohl noch keiner wach, wie langweilig, dabei würde ich mich so gerne ein bisschen unterhalten.«

Er wandte sich nach links. Über der Tür des Nachbarhauses schnarchte gemütlich ein anderer Steinkopf, der um einiges größer war als er.

»Pssst, alter Grien«, rief Fratz. »Bist du wach?«

Keine Reaktion. Da rief er lauter: »Aufwachen, Herr Kollege!«

Mit einem lauten Schnarcher zuckte der Nachbar zusammen und raunzte ihn an: »Was schreckst du mich aus meinen Träumen, frecher Fratz?«

»Wovon hast du denn geträumt?«, wollte der andere wissen.

»Ach, von alten Zeiten, als es uns noch nicht gab,« antwortete der Grien.

»Wie war das denn damals?«, fragte der Kleine neugierig.

»Wie, weißt du etwa nicht, wie wir hierhergekommen sind? Das solltest du aber wissen!«

»Hab ich vergessen«, antwortete Fratz beschämt, »aber erzähl es mir doch noch mal, bitte.«

»Also gut, dann spitz deine Ohren und höre mir gut zu: Alles begann mit der Geschichte von der alten Brunhilde, die einst hier um die Ecke am Heumarkt lebte. Brunhilde war eine Kaufmannswitwe. Ihr Mann, mit dem sie ein kleines Stoffgeschäft betrieben hatte, war erst vor Kurzem verstorben und hatte ihr ein kleines Vermögen hinterlassen. Da die beiden keine Kinder hatten, musste Brunhilde sehen, wie sie ihr Auskommen fand, und so beschloss sie, das Stoffgeschäft allein weiterzuführen. Sie nahm ihr gesamtes Erbe und gab beim reichsten Tuchhändler der Stadt eine große Stoffbestellung in Auftrag. Nur die schönsten Stoffe wollte sie verkaufen, und wie damals üblich zahlte sie im Voraus, und der Handel wurde per Handschlag besiegelt.

Du kannst dich doch bestimmt noch daran erinnern, dass es früher in Köln noch keine Kaufverträge oder Zeugen bei solcher Art Handel gab. Man gab sich nur die Hand auf Ehre, Gewissen und Vertrauen und schaute einander tief in die Augen. Nach Abschluss des Geschäftes versprach der Tuchhändler, dass die Lieferung binnen vier Wochen bei ihr eintreffen werde.«

»Stell dir vor«, fuhr der alte Grien fort, »nach den vier Wochen waren immer noch keine Stoffe bei ihr angekommen. Da wurde Brunhilde natürlich unruhig und ging erneut zum Tuchhändler, um nachzufragen, wo sie blieben. Der Tuchhändler schaute sie aber nur verwundert an und schüttelte den Kopf. Und weißt du, was er sagte? Dass es sich um einen Irrtum handeln müsse, dass er sie noch nie in seinem Leben gesehen habe und weder eine Bestellung noch Geld von ihr erhalten habe.«

»So ein gemeiner Lügner«, entfuhr es dem Kleinen.

»In der Tat! Und dann fragte er sie noch, ob sie einen Zeugen oder einen schriftlichen Vertrag über den Handel habe oder es sonst irgendwie bewei-

sen könne. Aber Brunhilde hatte natürlich keinen Beweis und beteuerte, nur Gott sei Zeuge für den Handel gewesen. Da lachte der Tuchhändler sie aus und ließ sie hinauswerfen.«

»Und wie ging es weiter?«, fragte Fratz neugierig.

»Ach,« seufzte der alte Grien, »die arme Brunhilde ging weinend und wütend nach Hause und wusste weder ein noch aus. Aber dann dachte sie sich, dass sie zwar keinen Vertrag habe, aber einen Zeugen. Der liebe Gott war nämlich ihr Zeuge, dass sie Recht hatte und dass der Tuchhändler ein Lügner war. Sie war zwar nur eine arme Kaufmannswitwe, aber das ließ sie sich nicht gefallen. Himmel und Erde wollte sie in Bewegung setzen, um Gerech-

tigkeit zu erlangen. Vor Gericht sollten sie den betrügerischen Tuchhändler stellen.«

»Richtig so, dieser Bösewicht musste bestraft werden«, rief Fratz empört, »Und? Hat sie es geschafft?«

»Nun ja, das war ganz schön schwierig. Hör zu: Schon am nächsten Tag ging sie zu einem Schöffen und erzählte ihm von dem Betrug. Der jedoch wies sie ab mit denselben Worten wie der Tuchhändler: Kein Vertrag, kein Zeuge, Pech gehabt. So ging sie zum nächsten Schöffen, der sie genauso abwies und so weiter und so fort, bis sie bei zwölf Schöffen gewesen war, aber immer noch nichts erreicht hatte. Schließlich beschloss sie, bei der höheren Instanz, dem Richter selbst, vorzusprechen. Aber auch bei ihm war nichts zu machen, und als sie sich auf Gott berief, verhöhnte er sie sogar noch. Sie solle sich doch beim Erzbischof beschweren, der wäre schließlich zuständig für Gott und nicht er.«

»Ja, ja, es erging ihr schlimm, der armen Brunhilde.« Der Alte schluckte.

»Los, erzähl weiter«, trieb der freche Fratz ihn an.

»Ja, ja, nur Geduld«, antwortete Grien, »so schnell bin ich in meinem Alter auch nicht mehr. Also, Brunhilde war der Verzweiflung nahe, denn nun blieb in der Tat nur noch die allerhöchste gerichtliche und auch geistliche Instanz: der Erzbischof Anno im Kloster Siegburg. Aber das war weit weg, und sie hatte kein Geld mehr, um sich eine Kutsche dorthin zu leisten. Dennoch machte sie sich am nächsten Morgen zu Fuß auf den beschwerlichen Weg nach Siegburg. Einen ganzen Tag und eine ganze Nacht lief sie durch Regen und Wind, und als sie endlich dort angekommen war, wollte der Diener des Erzbischofs sie zunächst gar nicht einlassen, weil sie wie eine Bettlerin aussah. Sogar als Lumpengesindel hat er sie beschimpft. Aber da kannte er die alte Brunhilde schlecht, die blieb standhaft und ließ sich nicht so einfach abweisen. Sie stieß den Diener mit letzter Kraft beiseite und verschaffte sich Zutritt.«

»Und? Hat der Erzbischof sie angehört?«, wollte Fratz wissen.

»Oh, ja, sie erzählte ihm die ganze Geschichte. Da betete der Erzbischof zu Gott, er möge ihnen ein Zeichen senden. Wenn die Kaufmannswitwe die Wahrheit sprach, sollte er ein Gewitter über Köln aufziehen lassen. Vierzehn Blitze sollten niedergehen – für jeden der Übeltäter einer. Die beiden stiegen auf den Turm des Klosters und schauten aus dem Turmfenster hinaus. Da braute sich ein schreckliches Unwetter zusammen. Dunkle Wolken zogen auf, der Regen peitschte und schließlich zuckten grelle Blitze – genau vierzehn an der Zahl, gefolgt von markerschütterndem Donner.«

»Das war der allerbeste Beweis«, freute sich der Kleine.

»Du hast Recht«, fuhr der alte Grien fort, »einen besseren hätte es nicht geben können. Der Erzbischof ließ auf der Stelle die vierzehn Übeltäter nach Siegburg holen. Es kam heraus, dass die zwölf Schöffen und der Richter vom Tuchhändler bestochen worden waren und jeder von ihnen einen Teil der Barschaft der alten Brunhilde erhalten hatte, um sie abzuweisen. Zur Strafe sprach Anno ein schreckliches Urteil über sie. Die Augen sollten ihnen geblendet werden. Nie mehr sollten sie etwas sehen können. Außerdem sollte Brunhilde ihr gesamtes Geld zurückbekommen.«

»Oh, was für ein schlimmes Urteil«, jammerte Fratz.

»Ja, das war es in der Tat, aber die Betrüger hatten ihre Strafe verdient«, sprach sein Nachbar, »denn sie hatten ja auch etwas Schlimmes getan. Aber nun hör' zu, wie die Geschichte zu Ende ging: Einer der Schöffen besann sich im letzten Moment eines Besseren und gestand den Betrug. Für ihn fiel die Strafe milder aus. Es wurde ihm nur ein Auge geblendet. So führte der Einäugige die Blinden zurück nach Köln, wo ihre Frauen ihnen weinend entgegenkamen – denn in der Zwischenzeit hatte man an ihren Häusern Steinköpfe angebracht, schreckliche steinerne Fratzen mit eisernen Fangzähnen, um die Kölner immer daran zu erinnern, dass in diesem Haus einmal ein Bösewicht gewohnt hat.«

»Genau, und das sind wir, jetzt weiß ich's wieder«, rief Fratz erfreut. »Und dann nannte man uns Annoköpfe, nach dem Erzbischof Anno, oder auch

Grienköpfe, weil wir so hämisch grinsen und dadurch die bösen Geister von den Häusern abhalten sollen, dabei sind wir in Wirklichkeit so nett!«

»Aber, was ist eigentlich aus der alten Brunhilde geworden?«

»Nun, Brunhilde wurde in der Kutsche des Erzbischofs sicher nach Köln zurückgebracht. Sie bekam nicht nur ihr gesamtes Geld zurück, sondern die besten Stoffe des Tuchhändlers als Entschädigung obendrein. Damit konnte sie ihr Stoffgeschäft am Heumarkt glücklich und zufrieden bis an ihr Lebensende betreiben. Und der liebe Gott war ihr Zeuge, da war sie sich nun ganz sicher«, schloss der alte Grien.

»Was für eine spannende Geschichte«, sagte Fratz. »Danke, dass du sie mir erzählt hast. Und jetzt lasse ich dich schlafen. Ehrlich gesagt, werde ich auch langsam wieder müde. Uuaah«, gähnte er, »gute Nacht, alter Grien.«

»Gute Nacht, frecher Fratz, und das nächste Mal kannst du mich ruhig ein bisschen sanfter wecken.«

Und so schlossen Fratz und Grien ihre Augen, und bald hörte man nur noch ihr leises Schnarchen.

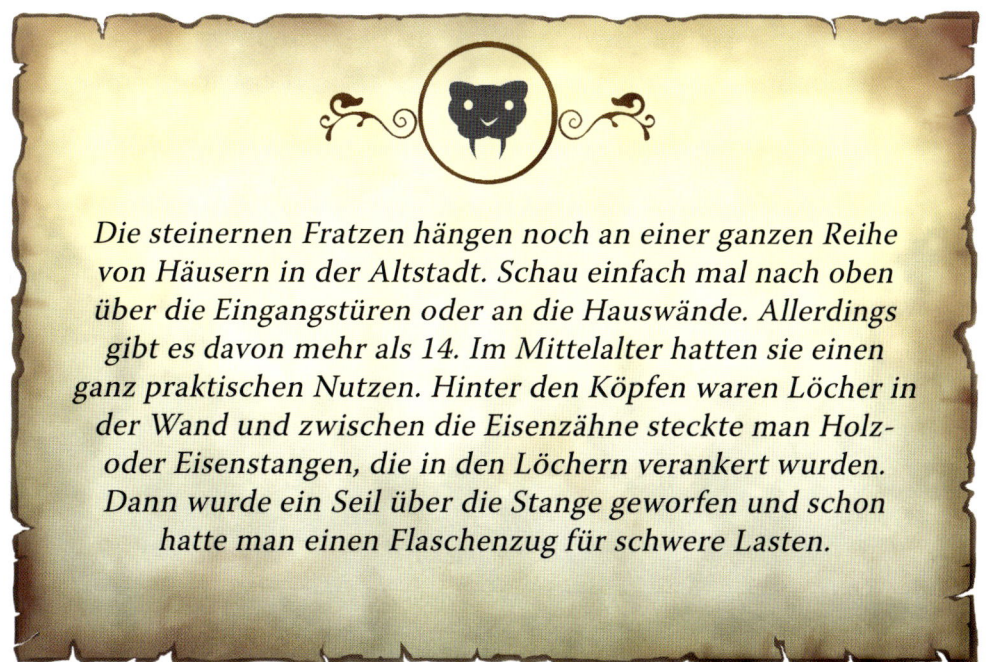

Die steinernen Fratzen hängen noch an einer ganzen Reihe von Häusern in der Altstadt. Schau einfach mal nach oben über die Eingangstüren oder an die Hauswände. Allerdings gibt es davon mehr als 14. Im Mittelalter hatten sie einen ganz praktischen Nutzen. Hinter den Köpfen waren Löcher in der Wand und zwischen die Eisenzähne steckte man Holz- oder Eisenstangen, die in den Löchern verankert wurden. Dann wurde ein Seil über die Stange geworfen und schon hatte man einen Flaschenzug für schwere Lasten.

Krach in Deutz

Vor langer Zeit lebte in Deutz ein armer Schneider. Mit seiner Frau und seiner schönen Tochter Gertrude wohnte er in der Siegburger Straße, wo sie zwar nur ein bescheidenes Auskommen hatten, aber glücklich und zufrieden waren.

Der Schneider saß den lieben langen Tag in seiner Nähstube und arbeitete fleißig. Seine ganze Leidenschaft galt der Vogelzucht, und so hatte er über seiner Haustür einen großen Vogelkäfig aufgehängt, in dem Amseln, Drosseln, Finken und Stare miteinander um die Wette zwitscherten. Das erhellte das Gemüt des Schneiders, und wenn er einmal traurig war, stimmte es ihn wieder fröhlich.

Auf der anderen Straßenseite stand das schmucke Haus eines Steuereintreibers. Dieser war wohlhabend, aber ein griesgrämiger und übler Gesell, der jeden Abend ins Wirtshaus ging. Dort trank er die ganze Nacht über so viel Kölsch, dass er oft bis in die späten Morgenstunden seinen Rausch ausschlafen musste. Wenn da nicht das Gezwitscher von gegenüber gewesen wäre! Kaum wurde es hell, ging es auch schon los: Piep, piep, piep - piep, piep, piep.

»Haltet eure Schnäbel, ihr blöden Viecher«, schimpfte der Steuereintreiber.

Dann schickte er seinen Sohn Fritz zum Schneiderhaus hinüber. Der Schneider solle gefälligst dem unerträglichen Lärm der Vögel ein Ende setzen und den Vogelkäfig abhängen. Dieser aber dachte gar nicht daran. Sie sangen doch so schön und waren eine Freude für jeden, der des Weges kam.

»Soll mein Nachbar doch zeitiger zu Bett gehen, dann ist er morgens auch ausgeschlafen und besser gelaunt, die alte Schnapsdrossel«, dachte er bei sich. Und als Fritz weiterhin fast jeden Tag mit einer neuen Beschwerde seines Vaters kam, weigerte sich der Schneider schließlich, mit dem Jungen zu reden.

Von nun an schickte er die schöne Gertrude an die Tür. Aber es war nicht leicht für sie, Fritz fortzuschicken, denn er war ihr alter Spielkamerad aus Kindertagen, und sie mochte ihn sehr. Wie oft hatten sie zusammen Hüpfekästchen gespielt und an ihrem Baumhaus gebaut, einem Geheimversteck, wo sie sich jeden Tag getroffen haben und das keiner kannte außer ihnen beiden?

Das alles war lange her, doch Gertrude hatte es nicht vergessen. Wie damals sah sie Fritz nun wieder jeden Tag. Er kam zwar mit einer Beschwerde, aber das war Gertrude egal. Sie freute sich auf seinen Besuch und erwartete ihn jeden Tag mit klopfendem Herzen.

Auch Fritz fieberte dem täglichen Gang zum Schneiderhaus ungeduldig entgegen. So kam es, dass die beiden sich mit jedem Tag mehr ineinander verliebten.

Die Väter jedoch blieben einander spinnefeind, und als der Schneider weiterhin auf die Beschwerden seines Nachbarn pfiff, platzte dem Steuereintreiber eines Tages der Kragen. Er rannte hinüber, um dem widerspenstigen Nachbarn höchstpersönlich die Meinung zu sagen.

Doch was musste er da sehen? Er traute seinen Augen nicht. Sein Sohn Fritz fütterte gerade mit der Tochter des Schneiders die vermaledeiten Vögel und machte ihr dabei auch noch schöne Augen. Das war zuviel.

»Fritz, komm sofort her! Anstatt die Vögel zu füttern, solltest du ihnen lieber die Hälse umdrehen. Ich verbiete dir, das Schneiderhaus jemals wieder zu betreten!«

Der Steuereintreiber raste vor Wut: »Ihr steckt wohl alle unter einer Decke? Na, wartet, euch werden die Flausen schon noch vergehen!«

Kurzentschlossen ging er auf den Viehmarkt und kaufte einen Ziegenbock, den er, genau wie die Vögel seines Nachbarn, in einem großen Käfig über seine Haustür hängte. Dort meckerte der Bock nun tagaus tagein über die ganze Siegburger Straße und lockte Alt und Jung herbei.

Die Leute versammelten sich unter seinem Käfig und starrten neugierig und ungläubig hinauf. Määh, määh von der einen, piep, piep von der anderen Straßenseite. Was für ein Spektakel! Bald wusste jedermann vom Streit zwischen den Nachbarn, und in ganz Deutz machte man sich über die beiden lustig.

Fritz und Gertrude aber wurden zur Strafe getrennt. Der wütende Steuereintreiber schickte seinen Sohn zu einem Lehrmeister über den Rhein nach Köln, damit er die schöne Schneiderstochter nicht mehr wiedersah.

Darüber waren die beiden furchtbar traurig, doch sie konnten es nicht ändern. Ihre Liebe musste sich dem Willen der Väter beugen.

Die Jahre gingen ins Land. Die Vögel zwitscherten, der Bock meckerte, und eines schönen Tages war der Schneider des Spielchens überdrüssig. Er ging hinüber zu seinem Nachbarn, um ihm einen Vorschlag zu machen: »Wenn ich meine Vögel frei lasse und du deinen Bock aus dem Käfig holst, ist endlich Ruhe in der Straße, und wir können Frieden schließen.«

So sprach er und streckte zur Versöhnung seine Hand aus. Aber der Steuereintreiber schüttelte den Kopf und zeigte ihm einen Vogel. So musste der Schneider unverrichteter Dinge wieder umkehren.

Als am nächsten Morgen kein Meckern des Geißbocks mehr zu hören war, wunderte sich der Schneider und schaute aus dem Fenster. Da war kein Käfig mehr über der Haustür des Steuereintreibers. Aber, oh Graus, was war das? An seiner Stelle stand dort ein riesiger hölzerner Ziegenbock, der grimmig und mit teuflischen Augen auf das Schneiderhaus niederblickte.

Er war Angst einflößend und bestimmt dreimal so groß wie der lebendige Bock. Nun wusste der Schneider, dass an Frieden niemals zu denken war.

Also beschloss er, seine Sachen zu packen und sich samt Frau, Tochter und Vogelkäfig eine neue Heimat zu suchen. Und so war der Schneider eines Morgens verschwunden. Die Deutzer munkelten, er sei zu seinem Bruder nach Indien gezogen oder sogar nach Düsseldorf.

Fritz, der nach seiner Lehrzeit ins elterliche Haus zurückkehrte, war todunglücklich. Hatte er doch seine große Liebe verloren, die er so sehnlichst

wiederzusehen gehofft hatte. Er wusste nicht einmal, wohin es sie verschlagen hatte und war untröstlich. Die Jahre zogen vorüber, ohne dass Fritz seine geliebte Gertrude jemals vergessen konnte.

Eines Tages starb der Steuereintreiber. Schnell kam ans Licht, dass er schlimme Unterschlagungen begangen, die Steuerzahler betrogen und sich an ihrem Geld bereichert hatte. Der arme Fritz musste nun die Schulden seines Vaters begleichen, und weil er nicht genügend Geld besaß, bot er das väterliche Haus zum Verkauf an. Eine reiche, fremde Dame interessierte sich für das Anwesen und schickte ihren Diener, der Fritz ein großzügiges Angebot machte.

Als der Kauf abgewickelt war und Fritz das Haus mit Sack und Pack verlassen wollte, trat er noch einmal ans Fenster und schaute ein letztes Mal hinüber zum ehemaligen Schneiderhaus. Er erinnerte sich an die schöne Zeit, als Gertrude, seine Jugendliebe, noch dort drüben gewohnt hatte.

Plötzlich kam ihm der Streit der Väter in den Sinn, und er beschloss, als letzte Tat den Stein des Anstoßes, den hölzernen Ziegenbock, abzuschrauben. Dieses Untier, das die Familie des Schneiders und seine Herzallerliebste vergrault hatte, wollte er ein für allemal vom Sockel stoßen.

Er holte eine Leiter und Werkzeug und machte sich daran, das Tier abzuschrauben, als plötzlich eine Frauenstimme zu ihm sprach: »Guten Tag, Fritz.«

Die Stimme kam ihm seltsam vertraut vor. Er drehte sich um. Vor ihm stand eine verschleierte Frau. Als sie den Schleier zurückschlug, blieb ihm fast das Herz stehen. Es war Gertrude. Sie lächelte ihn an und sprach: »Wie sehr habe ich dich in all den Jahren vermisst, und jetzt habe ich dich endlich wiedergefunden.«

Sie fielen einander in die Arme und konnten ihr Glück kaum fassen. Gertrude erzählte, dass ihr Vater mit ihnen an den Niederrhein gezogen war

und sie durch den Tod ihres Onkels in Indien eine große Erbschaft gemacht hatten. Als der Schneider verstarb, wollte sie mit ihrer Mutter wieder in die Heimat ziehen. Dann habe sie erfahren, dass das Haus des Steuereintreibers zum Verkauf stand und es gekauft. Morgen wolle sie mit ihrer Mutter dort einziehen.

»Und du, Fritz«, sprach Gertrude, »wenn du mich so liebst wie ich dich, willst du dann nicht bei mir bleiben?«

So wurde die alte Liebe neu entfacht, die beiden heirateten und bekamen viele Kinder. Neben den Ziegenbock hängten sie den Vogelkäfig des verstorbenen Schneiders, in dem die Vögel lustig zwitscherten. Der Bock aber blieb für immer dort stehen als Zeichen für den dummen Streit der Väter, der seine Versöhnung in der Liebe ihrer Kinder fand.

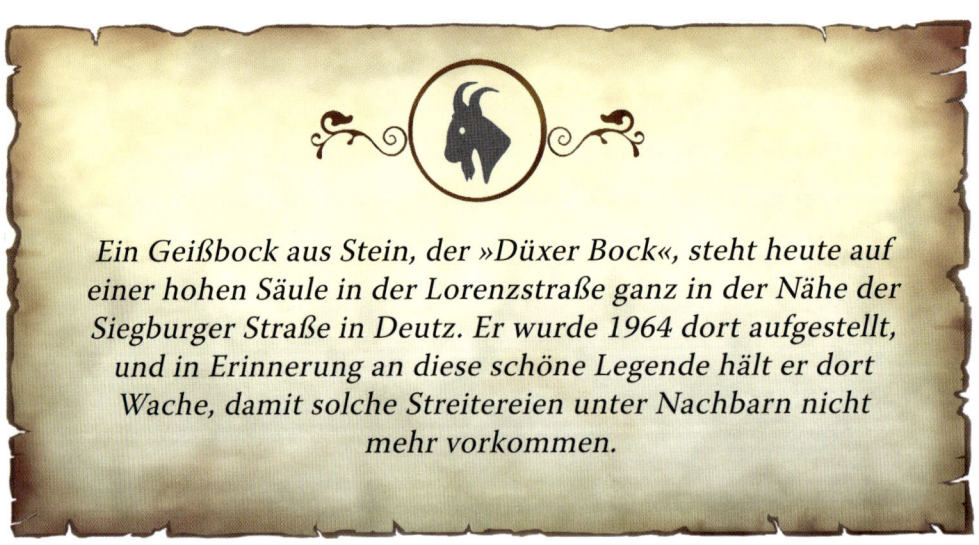

Ein Geißbock aus Stein, der »Düxer Bock«, steht heute auf einer hohen Säule in der Lorenzstraße ganz in der Nähe der Siegburger Straße in Deutz. Er wurde 1964 dort aufgestellt, und in Erinnerung an diese schöne Legende hält er dort Wache, damit solche Streitereien unter Nachbarn nicht mehr vorkommen.

Hexentanz in der Walpurgisnacht

Im Bergischen Land, nicht weit von Köln entfernt, lebten zwei junge Burschen. Sie waren befreundet mit Wilhelmine und Laurenzia, zwei rothaarigen Schwestern aus der Nachbarschaft. Die beiden, so erzählte man sich im Dorf, sollten aus einer alteingesessenen Hexenfamilie stammen. Doch ungeachtet der unheimlichen Geschichten, die sich die Leute über die Familie erzählten, verbrachten die Jungen viel Zeit mit den Schwestern. Sie halfen ihnen auf den Äckern oder suchten mit ihnen Holz in den Wäldern. Von Hexerei keine Spur – bis zu jener Walpurgisnacht am letzten Apriltag vor vielen hundert Jahren.

Als die Sonne nach einem wunderbaren Frühlingstag hinter den Hügeln des Bergischen Landes verschwand, begannen die Leute aus dem Dorf, merkwürdige Vorkehrungen zu treffen. »In der Walpurgisnacht«, erklärte eine alte Bäuerin den Jungen, »treffen sich die Hexen zum Hexentanz! Und wehe dem, der ihnen nicht aus dem Wege geht.« Zum Schutz vor ihnen streuten manche Leute geweihtes Salz auf die Türschwellen, andere wiederum hängten Baldrianzweige an die Stallungen, damit das Vieh nicht verhext werden konnte.

»Wenn an den Dorfgeschichten etwas dran ist, müssten auch Wilhelmine und Laurenzia diese Nacht etwas vorhaben«, sagte der eine Bursche zum anderen.

So einen Hexenzauber, wenn es ihn denn wirklich gab, wollten sie sich nicht entgehen lassen. Kaum war es dunkel, machten sie sich auf zum Haus der Mädchen. Die Jungen kletterten auf eine Birke, von der aus sie in die Stube der Schwestern blicken konnten. Dort flackerte Kerzenlicht und ein geheimnisvolles Flüstern drang nach draußen in die laue Frühlingsnacht.

Sie staunten nicht schlecht, als sie sahen, dass die beiden Mädchen Eigentümliches taten: Wilhelmine und Laurenzia waren gerade dabei, sich einzusalben. Die Salbe entnahmen sie einem silbernen Töpfchen. Sie trugen Kleider aus Samt und hatten ihre Gesichter wunderschön gepudert. Dann setzten sie sich spitze schwarze Hüte auf ihre langen roten Locken. Die Jungen waren schwer beeindruckt. Sollten ihre Freundinnen tatsächlich echte Hexen sein? Sie hielten den Atem an, um sich ja nicht zu verraten. Plötzlich schnappten sich Wilhelmine und Laurenzia je einen Besen, klatschten in die Hände und sprachen einen Zauberspruch: »Zick zack zaus, zum Schornstein heraus, über den Rhein nach Köln hinaus.«

Ein mächtiger Wind fegte plötzlich durch die Stube und blies die kleinen Hexen durch den Schornstein. Oben am Sternenhimmel hörten die Burschen sie gerade noch jauchzend davonfliegen.

»Donnerwetter«, staunten die Jungen nach einer kurzen Schrecksekunde. »Wir haben es hier tatsächlich mit echtem Hexenwerk zu tun.«

Hatte die alte Bäuerin sie nicht gewarnt?

»Papperlapapp«, sagten sich die Jungen und stiegen in die Stube. Es war noch genug Salbe für beide in dem Töpfchen. Geschwind salbten auch sie sich ein und steckten ihre Gesichter in die Puderdose. In der Ecke standen noch eine alte Heugabel und ein abgebrochener Besenstiel. Die mussten zum Fliegen reichen. Sie klemmten sie sich unter den Allerwertesten, klatschten ebenfalls in die Hände und riefen wie Wilhelmine und Laurenzia: »Zick zack zaus, zum Schornstein heraus, über den Rhein nach Köln hinaus.« Und schon packte auch sie ein Windstoß und jagte sie durch den Kamin fort in den Himmel.

Nun flogen sie ihren Hexenfreundinnen hinterher. Wohin genau, das wussten sie selber nicht. Weil ihre Fluggestelle keine richtigen Hexenbesen waren, flogen sie waghalsige Schlangenlinien durch die Luft. Der abgebrochene Besenstielflieger flog voran, der alte Heugabelflieger hoppelte hinterher. Der Vollmond bescherte ihnen einen herrlichen Blick auf die Wälder des Bergischen Landes. Schon von Weitem erkannten sie die Stadt Köln und deren prächtige Stadtmauer. Endlich überflogen sie den Rhein. Die Handelsschiffe lagen über Nacht im Hafen und sahen von oben aus wie Spielzeugschiffchen.

Schließlich wurden die beiden Reiter immer langsamer und landeten direkt am Kölner Dom. Sie trauten ihren Augen nicht. Auf dem Domplatz wurde mitten in der Nacht ein rauschendes Fest gefeiert.

»Beim Leibhaftigen«, staunten die Jungen, »ein Hexentanzplatz!«

Zu lauten Trommelklängen tanzten Dutzende Hexen wild um ein Feuer herum. Sie sangen und lachten, feixten und kicherten. Dazu murmelten sie immer wieder geheimnisvolle Beschwörungsformeln. Einige hatten riesige Warzen im Gesicht, andere wiederum lange, grüne Nasen und abstehende Ohren.

Mitten im Treiben erblickten die Jungen ihre Freundinnen Wilhelmine und Laurenzia. Diese schienen hocherfreut über den unerwarteten Besuch der Jungen.

»Habt keine Angst. Es ist die Nacht der Göttin Walpurgis. Wir Hexen treffen uns jedes Jahr in dieser Nacht zum Tanz auf dem Domplatz«, erklärten die Schwestern. Zur Stärkung reichten sie den Jungen eine deftige Hexensuppe, Krötenwein und Krähenfußschnaps.

»Nun steht nicht so rum, als hättet ihr die alte Heugabel und den abgebrochenen Besenstiel verschluckt. Feiert mit!«, forderten die beiden kleinen Hexen die Burschen auf. Und dann tanzten sie ausgelassen und beschwingt bis zum Morgengrauen den Hexentanz.

Schließlich war es Zeit, wieder nach Hause zurückzukehren. Kurzerhand zauberten die Mädchen zwei fliegende Reittiere für die Jungen herbei: einen strammen Ziegenbock und ein kräftiges Kalb. Die Hexen kicherten. Die Jungen staunten, schwangen sich aber sogleich auf die neuen Reittiere.

»Für den Rückflug sei euch eines gesagt«, warnte Laurenzia, »ihr dürft auf keinen Fall etwas sagen. Nicht einen Mucks dürft ihr von euch geben. Das ist ein Hexenkult, und der muss unbedingt eingehalten werden!«

Die Jungen nickten, und die Mädchen riefen: »Zick zack zaus, über den Rhein und aus Köln heraus«, und schon flogen sie in die Luft.

Als sie wieder über den Rhein schwebten, sprudelte es vor Begeisterung aus dem Kalbtierreiter: »Jiiihuuu!«

Kaum gesagt, plumpste er von dem Kalb herunter in den Rhein. Er schrie noch nach seinen Freunden, aber die flogen weiter in Richtung Heimat. Hätte er doch den Mund gehalten, wie Laurenzia es befohlen hatte!

Man sagt, er hätte es mit Ach und Krach bis ans Ufer geschafft und dabei seine Schuhe verloren. Der Ziegenbockreiter heiratete später Wilhelmine. Laurenzia jedoch kehrte nach Köln zurück und suchte den Jungen, der vom Kalb gefallen war. Sie fand ihn, und als er ihr versprach, von nun an immer auf sie zu hören, stand auch ihrem Glück nichts mehr im Wege.

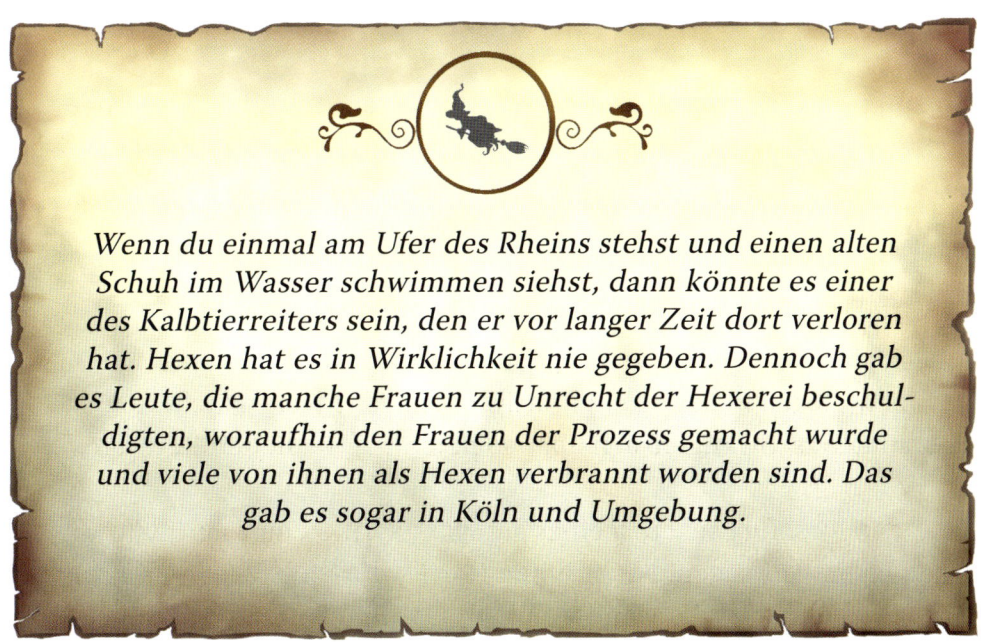

Wenn du einmal am Ufer des Rheins stehst und einen alten Schuh im Wasser schwimmen siehst, dann könnte es einer des Kalbtierreiters sein, den er vor langer Zeit dort verloren hat. Hexen hat es in Wirklichkeit nie gegeben. Dennoch gab es Leute, die manche Frauen zu Unrecht der Hexerei beschuldigten, woraufhin den Frauen der Prozess gemacht wurde und viele von ihnen als Hexen verbrannt worden sind. Das gab es sogar in Köln und Umgebung.

Das Rheinleuchten

it lautem Hufgetrappel fuhr eine Kutsche in den Hof des erzbischöflichen Palastes ein. Heraus stiegen drei Gesandte aus Dortmund, angeführt von Graf Gunther von Hohensyburg. Im Auftrag des Dortmunder Rates hatte man sie geschickt, den Kölner Erzbischof um einen Heiligen zu bitten, von denen Köln so viele hatte. Die Dortmunder hatten nicht einen einzigen Heiligen, da konnten die Kölner ihnen doch wohl einen abgeben, fanden sie. Sie versprachen auch, ihm eine Kirche zu bauen und täglich zu ihm zu beten, damit er die Stadt und ihre Bewohner beschütze.

»Nein, nein, meine Herren«, lehnte der Erzbischof entschieden ab und erhob sich von seinem Bischofsstuhl, »das geht zu weit. Wir brauchen unsere Heiligen selber, schließlich sind wir hier im Heiligen Köln und wollen unserem Namen auch weiterhin alle Ehre machen. Wir können wirklich auf keinen einzigen unserer Heiligen verzichten.«

Enttäuscht senkten die Dortmunder den Blick. »Schade«, sprach Graf Gunther, »da werden unsere Bürger aber traurig sein. Sie hofften so sehr auf den Schutz eines eigenen Stadtheiligen.«

»Herr Graf, damit Eure Reise nicht ganz umsonst war, will ich Euch wenigstens durch unseren Dom führen. Ihr werdet staunen!«

So zeigte der Erzbischof den Dortmundern den Dom, seinen prächtigen Altar und die Grabstätten der Heiligen. Vor einem besonders schönen Schrein blieb Gunther stehen: »Dieser Heilige muss ja ein ganz besonderer Mensch gewesen sein und Großes vollbracht haben. Wessen Grabstätte ist das?«, wollte der Graf wissen.

»Hier ruht der heilige Reinold«, erwiderte der Erzbischof.

»Und welchen großen Taten ist es zu verdanken, dass er heilig gesprochen wurde?«

»Er hat viel Gutes hier in Köln getan, und einst vollbrachte er ein Wunder und ließ den Rhein leuchten. Wenn Ihr noch ein wenig Zeit habt, will ich Euch gern seine Geschichte erzählen.«

Da setzten sich die Männer auf eine Stufe vor dem Schrein, und der Erzbischof begann zu erzählen.

»Vor langer Zeit, als unser Dom sich noch im Bau befand, kam ein fremder Reiter nach Köln. Auf einem riesenhaften, stolzen Pferd ritt er und trug ein kostbares Gewand. Er kam aus dem Krieg, hatte in großen Schlachten kämpfen müssen und war vollkommen erschöpft. Er war der Neffe von Kaiser Karl dem Großen. Reinold, Herzog von Montalban, so lautete sein edler Name, doch er wollte ihn nicht mehr. Er hatte im Krieg Schlimmes erlebt und bestürzt mit angesehen, wie sinnlos Menschen sterben mussten, nur weil die Herrscher sich um Macht und Ländereien stritten. Ein neues, bescheidenes Leben wollte er beginnen, ohne Reichtum und ohne Krieg. Nur

sein treues Pferd Bayard, das ihn auf all seinen Wegen begleitet hatte, wollte er behalten. Von nun an wollte er wie ein Mönch leben und sich ins Kloster zurückziehen, beten und Gutes tun. Dass er ein Adeliger war, sollte niemand wissen. Frommer Petersmann, so nannte er sich fortan, nach dem heiligen Petrus, dem Patron des großen Doms, in dem Ihr Euch gerade befindet, werter Graf Gunther.«

Ehrfürchtig berührte der Graf den Schrein und bat den Erzbischof weiterzuerzählen.

»Sein größter Wunsch war, beim Bau dieser einzigartigen Kirche zu helfen. Er suchte sich Arbeit auf der Dombaustelle und packte dort kräftig mit an. So gingen die Tage ins Land, und der romanische Dom wuchs Stein um Stein. Es gab viel zu tun auf der Baustelle, und auch Bayard zog schwere Holzstämme und Fuhrwerke mit Baumaterial. Die Kölner Kinder besuchten den frommen Petersmann gerne bei der Arbeit. Sie durften Bayard streicheln und manchmal sogar auf ihm reiten. Der fromme Petersmann gönnte sich dann ab und zu eine Pause und schnitzte ihnen Holzspielzeuge. Doch an einem nebligen Herbstmorgen geschah etwas, das er nie für möglich ge-

halten hatte: Er erwischte fünf Arbeiter beim Stehlen von Werkzeug. Hochkant wurden sie von der Baustelle geworfen. Sie waren außer sich vor Wut. ´Du Verräter!´, riefen sie. ´Dafür werden wir uns rächen und dann gnade dir Gott.´

Ohne diese Halunken kamen sie mit dem Dombau viel besser voran. Nach getaner Arbeit ritt der fromme Petersmann allabendlich auf Bayard ins Armenviertel, wo er der alten Käthe seinen Besuch abstattete. Ihre lahmen Beine trugen sie nicht mehr bis zur Baustelle, und da sie den fortschreitenden Dombau nicht miterleben konnte, berichtete er ihr davon und teilte sein Abendbrot mit dem armen Mütterchen.

Eines Nachts lauerten ihm auf dem Heimweg die fünf Taugenichtse auf, die er einst beim Stehlen erwischt hatte. Die Stunde ihrer Rache war gekommen! Sie zogen ihn vom Pferd, überwältigten ihn und schlugen mit Keulen auf ihn ein bis er sich nicht mehr rührte. Die Übeltäter steckten ihr Opfer in einen Sack und warfen ihn in den Rhein.

Als der fromme Petersmann am nächsten Morgen nicht auf der Baustelle erschien, suchte man ihn überall in der Stadt, doch ohne Erfolg. Nur sein schwarzes Pferd trabte den ganzen Tag rastlos am Fluss hin und her.

Als die Sonne untergegangen war und finstere Nacht die Stadt umgab, beobachteten die Kölner ein einzigartiges Schauspiel: Mitten im Rhein schimmerte ein strahlend goldenes Licht und der Fluss glitzerte, als würden tausend Diamanten auf seinen Wellen hüpfen. So etwas Schönes hatte es am Rhein noch nie gegeben. Die Kölner rieben sich ungläubig die Augen. War das ein Wunder, was da geschah?

Plötzlich hörten sie am Ufer eine Frau schreien. Es war die alte Käthe aus dem Armenviertel. Aus Sorge um ihren Freund war sie quer durch die Stadt bis an den Rhein gehumpelt, um nach ihm zu suchen. Sie warf ihre Krücken von sich und schwamm auf den leuchtenden Rhein hinaus. Nach einer Weile kam sie ans Ufer und zog einen golden schimmernden Sack hinter sich her.

Da fingen die Glocken aller Kölner Kirchen an zu läuten und es versammelte sich eine neugierige Menschenmenge am Rheinufer. Der Sack wurde geöffnet: ´Es ist der fromme Petersmann!´, rief jemand. Entsetzen und Trauer machten sich breit. Unter der Kutte des Toten fanden sie eine goldene Gürtelschnalle, auf der sein wahrer Name zu lesen war: Reinold, Herzog von Montalban. Ein Edelmann war er also, Neffe Karls des Großen, und niemand in Köln hatte es gewusst! Sein Gürtel aus purem Gold hatte den Fluss mit seinem Strahlen erleuchtet und den bösen Mord ans Licht gebracht.

Überall suchte man nach den Tätern. Man erwischte sie schließlich, als sie heimlich die Stadt verlassen wollten, und warf sie in den Kerker.

Kaum war der Dom fertig gebaut, wurde er Reinolds letzte Ruhestatt. Einen herrlich glänzenden Schrein, in dem seine Gebeine lagen, hatten die Kölner ihm zu Ehren anfertigen lassen. Für seine guten Taten wurde er als Heiliger verehrt.«

Die drei Dortmunder bekreuzigten sich und verneigten sich vor dem Schrein. Der Bischof fuhr fort: »Die alte Käthe, die seit dem magischen

Rheinleuchten von ihrem Leiden geheilt war, kam nun jeden Tag zur Kirche geritten, um dort zu beten. Den herrenlosen Bayard hatte sie bei sich aufgenommen. Zu Lebzeiten hatte der heilige Reinold unseren Dom so sehr geliebt, dass er einfach hierhin gehörte. Und aus diesem Grund können wir einen Heiligen wie ihn unmöglich abgeben, das werdet ihr doch verstehen.«

Mit diesen Worten beendete der Erzbischof seine Geschichte.

»Einen solchen Heiligen könnten wir in Dortmund gut gebrauchen, aber wir sehen natürlich ein, dass die Kölner ihn behalten wollen«, sagte Graf Gunther sichtlich beeindruckt. Sie traten aus dem Dom und begaben sich zu ihrer Kutsche. Dort verabschiedeten sie sich vom Erzbischof und stiegen ein.

Doch was war das? In der Kutsche erschien plötzlich der goldene Schrein des heiligen Reinold, als wolle er sie begleiten. Alsdann setzte sich das Gefährt ganz von allein in Bewegung. Die verdutzten Gesandten purzelten kreuz und quer übereinander. Das Gespann preschte los, fuhr über Stock

und Stein und hielt erst in Dortmund wieder an. Als die atemlosen Reisenden aus ihrer Kutsche stiegen, sahen sie schemenhaft den Schatten eines riesenhaften schwarzen Pferdes mit leisem Wiehern am Horizont verschwinden.

»Ein Wunder«, sagten sich die Dortmunder. Sie luden den Schrein ab und bauten genau an der Stelle, an der die Kutsche zum Stehen gekommen war und wo das geheimnisvolle Pferd verschwunden war, die Reinoldikirche.

Dort und nirgendwo anders sollte diese Kirche stehen, da waren sich die Dortmunder einig, und bis heute erinnert sie an die Geschichte des heiligen Reinold, der seitdem die Stadt Dortmund vor Gefahren beschützte. Und die Kölner gönnten es den Dortmundern von ganzem Herzen, denn schließlich hatte der heilige Reinold es selber so entschieden.

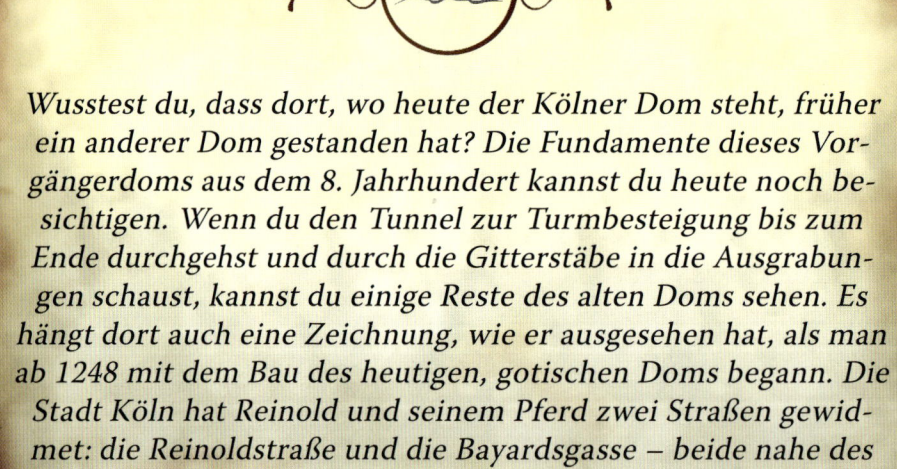

Wusstest du, dass dort, wo heute der Kölner Dom steht, früher ein anderer Dom gestanden hat? Die Fundamente dieses Vorgängerdoms aus dem 8. Jahrhundert kannst du heute noch besichtigen. Wenn du den Tunnel zur Turmbesteigung bis zum Ende durchgehst und durch die Gitterstäbe in die Ausgrabungen schaust, kannst du einige Reste des alten Doms sehen. Es hängt dort auch eine Zeichnung, wie er ausgesehen hat, als man ab 1248 mit dem Bau des heutigen, gotischen Doms begann. Die Stadt Köln hat Reinold und seinem Pferd zwei Straßen gewidmet: die Reinoldstraße und die Bayardsgasse – beide nahe des Neumarkts (hinter der Thieboldsgasse) gelegen!

Die Schiffe des Herrn Conradi

In der Brückenstraße in Köln lebte einst ein reicher Kaufmann. Er hieß Herr Conradi, hatte eine Frau, fünf Kinder und fünf Schiffe. Die Schiffe trugen allesamt die Namen seiner Kinder, nämlich Hansi, Kalle, Berti, Freddie und Mariechen. Über die sieben Meere segelten die Schiffe und kamen stets mit kostbarer Ware aus aller Herren Länder nach Köln zurück: Gold, Gewürze, Edelsteine, Stoffe und natürlich brachten die Matrosen auch immer etwas für die Kinder mit. Herrn Conradis Handel florierte, und in ganz Köln war er hoch angesehen.

Doch eines Tages brach in Köln eine Hungersnot aus. Leid und Armut machten den Kölnern zu schaffen. Herr Conradi, nicht nur Kaufmann, sondern auch Edelmann, zeigte sich in dieser schweren Zeit äußerst großzügig. Er verschenkte wertvolle Waren aus seinen Lagern an arme Kölner. Das konnte er sich auch leisten, denn schließlich würden seine Schiffe schon bald wieder mit neuer Ladung in den Hafen einlaufen.

Als im Sommer die Ankunft der Schiffe erwartet wurde, hielten die fünf Kinder am Rhein nach ihnen Ausschau. Doch kein Schiff war in Sicht. Tagelang standen die Kinder am Ufer und warteten. Vergeblich! Die Schiffe waren verschwunden. »Meine Schiffe, meine Schiffe, was für eine Katastrophe«, klagte Herr Conradi. »Sicherlich sind sie auf hoher See in einem Sturm gekentert oder von Piraten gekapert worden.«

Von nun an ging es bergab. Die Conradis hatten schnell alle Reichtümer aufgebraucht. Die Lager waren schon längst leer, weil sie so viel verschenkt hatten. Der Winter stand vor der Tür, und sie konnten sich weder warme Kleider noch neue Schuhe leisten. Herr Conradi war verzweifelt. Nur seine einzige Tochter, das kleine Mariechen, konnte ihn noch trösten.

»Vater«, sagte sie, »bestimmt kommen die Schiffe bald wieder. Du musst nur fest daran glauben.« Abend für Abend betete sie vor dem Schlafengehen zu ihrer Namenspatronin, der heiligen Maria, die Schiffe mögen bald wiederkommen.

Doch nichts geschah. Als Herr Conradi nicht mehr wusste, wie er seine fünf Kinder durchbringen sollte, wollte er seinem Leben ein Ende setzen und sich in den Rhein stürzen.

Bei dichtem Nebel ging er früh morgens über die Hohe Straße in Richtung Severinstor. Von dort aus wollte er zum Rhein hinunter. Plötzlich hörte er

am Tor ein hämisches Lachen. Ein fremder Mann mit Spitzbärtchen und einem schwarzen Umhang trat ungeduldig von einem Bein auf das andere, als ob er auf ihn warten würde. Kein Zweifel, es war der Teufel höchstpersönlich. Herrn Conradi fröstelte.

»Kaufherr«, zischte der Teufel, »ich weiß um Euer Leid und kann Euch helfen. Hier habe ich einen Vertrag für Euch.«

Er rollte ein Pergament aus. Darin stand, dass Herr Conradi alle Reichtümer, vor allem aber die Schiffe samt Ladung, zurückbekommen sollte. Aber nur unter einer Bedingung: Nach Ablauf von sechs Jahren, sechs Monaten und sechs Tagen sollte Herr Conradi seine Seele dem Teufel übergeben. Herr Conradi zögerte kurz. Doch dann dachte er an seine Frau und die Kinder und willigte schließlich ein. Kaum hatte er den Kontrakt mit einem Tropfen Blut besiegelt, verschwand der Teufel im Morgengrauen.

Am nächsten Tag war die Freude groß. Alle Schiffe liefen unversehrt im Kölner Hafen ein. Die Seefahrer hatten sich aus der Gefangenschaft der Piraten befreien können und brachten sogar einen echten Piratenschatz mit. Hansi, Kalle, Berti, Freddie und das kleine Mariechen tanzten vor Freude, denn die Matrosen hatten ihnen Spielzeug und Leckereien aus fernen Ländern mitgebracht. Die Familie lebte so glücklich wie nie zuvor. Und das kleine Mariechen betete jeden Abend weiter, um der heiligen Maria für ihre Hilfe zu danken. Kaufmann Conradi hingegen erzählte niemandem von seinem Kontrakt mit dem Teufel. Er schwieg wie ein Grab. So vergingen die Jahre.

Schließlich näherte sich der Tag, an dem sich Herr Conradi wieder mit dem Teufel treffen sollte. Die sechs Jahre, sechs Monate und sechs Tage waren vorüber. In dieser Nacht würde er erneut dem Teufel begegnen und seine Seele hergeben müssen. Würde er seine geliebten Kinder und seine Frau jemals wiedersehen?

Die kleine Marie war inzwischen zehn Jahre alt. Sie bemerkte, dass ihr geliebter Vater plötzlich so still war. »Vater, warum bist Du so traurig?«, fragte sie. »Ach, mein Kind, das verstehst du nicht«, seufzte der Vater. Da beschloss das Mädchen, seinem Vater zu helfen und erneut zur heiligen Maria zu beten. Sie betete und betete fast die ganze Nacht hindurch.

Tief in der Nacht hörte sie plötzlich die leisen Schritte ihres Vaters auf der Treppe. Er ging zur Tür hinaus. Heimlich schlich sie hinter ihm her. Sein Weg führte durch enge Gassen. Die Nacht war bitterkalt, und sie fror in

ihrem dünnen Nachthemd. Aber als sie an der Marienkirche vorbeikamen, wurde ihr plötzlich ganz warm – so als hätte sie jemand in eine warme Decke gehüllt. Auf einmal hatte sie gar keine Angst mehr und folgte ihrem Vater leichten Mutes. Er jedoch hatte die kleine Marie noch gar nicht bemerkt.

Er schritt durch das Severinstor und da stand er, der Teufel. Wieder trat er ungeduldig von einem Bein auf das andere und kratzte sich das Bärtchen.

Aber was war das? Hinter Herrn Conradi sah der Teufel ein kleines Mädchen stehen. Es war von einem gleißenden Strahlen umgeben. Der Teufel war geblendet und hielt sich die Hände schützend vor die Augen. Dann begann er, wild mit den Armen herumzufuchteln und gab ihnen Zeichen, bloß nicht näher zu kommen. Als das Mädchen dennoch weiter auf ihn zuschritt, hielt er in Panik eine Pergamentrolle hoch. Herr Conradi, der gar nicht verstand, warum der Teufel so aufgeregt war, erkannte seinen Kontrakt. Plötzlich zerriss der Teufel das Pergament in kleine Fetzen, warf sie in die Luft und schrie: »Vergesst den Vertrag, Kaufherr, Ihr seid frei!« Dann gab es einen lauten Knall und der Teufel war verschwunden.

Herr Conradi drehte sich suchend um, und da erst sah er seine kleine Tochter. Hinter ihr stand strahlend hell die heilige Maria und hielt schützend ihre Hände über das Mädchen. Was für ein Wunder! Als Dank für die täglichen Gebete der kleinen Marie hatte sie den Kaufherrn gerettet und mit ihrem Strahlen den Teufel in die Flucht geschlagen.

Überglücklich kehrten Herr Conradi und die kleine Marie nach Hause zurück. Über der Pforte ihres Hauses ließen sie aus Dankbarkeit ein Marienbild anbringen. Ihre Schiffe fuhren noch Jahrzehnte lang über die Ozeane und kamen stets unversehrt nach Köln zurück.

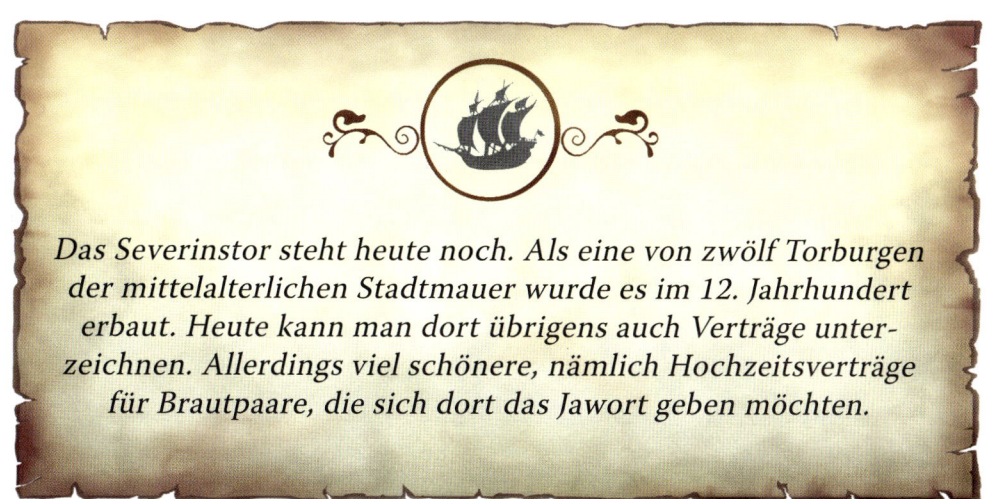

Das Severinstor steht heute noch. Als eine von zwölf Torburgen der mittelalterlichen Stadtmauer wurde es im 12. Jahrhundert erbaut. Heute kann man dort übrigens auch Verträge unterzeichnen. Allerdings viel schönere, nämlich Hochzeitsverträge für Brautpaare, die sich dort das Jawort geben möchten.

Jan und Griet

, ich darf mich vorstellen: Ich bin ein alter, grauer Esel. Ein bisschen träge bin ich mit den Jahren geworden, aber immer noch ganz gut bei Sinnen. Im Laufe meines Lebens habe ich so einiges erlebt. Ich könnte ganze Abende mit meinen Geschichten füllen. Eine davon muss ich euch unbedingt erzählen. Es ist die Geschichte von Jan und Griet.

Ich war damals in meinen besten Eseljahren und lebte auf dem Kümpchenshof in Köln. Ach, war das schön! Jeden Tag herrschte reges Treiben. Die Knechte gingen fleißig ihrer Arbeit nach. Die Stallburschen striegelten die Pferde, und die Mägde melkten die Kühe. Dann musste noch der Stall

ausgemistet, die Hühner gefüttert und frisches Brot gebacken werden. Es gab allerhand zu tun auf so einem großen Bauernhof. Bei Sonnenaufgang begann die Arbeit und endete oft erst spät nach Sonnenuntergang. Und ich Esel mittendrin.

Doch trotz all der Mühen arbeiteten die Bediensteten gerne auf dem Kümpchenshof. Hier herrschte zum Glück Frieden. Während ringsherum schreckliche Feldzüge und Schlachten ausgetragen wurden, blieb Köln verschont. Darüber waren die Kölner sehr froh.

Einer der Knechte hieß Jan. Ein stattlicher Bursche war er. Und ehrgeizig. Er schuftete weitaus mehr als die anderen Knechte, denn er war fest entschlossen, eines Tages selbst einmal ein wohlhabender Bauer zu werden. Doch da hatte er sich Großes vorgenommen, denn zur damaligen Zeit war es fast unmöglich, dass aus einem armen Knecht ein reicher Bauer würde.

Eines schönen Tages wollte er endlich der schönsten Magd vom Kümpchenshof seine Liebe gestehen. Griet war ihr Name, und schon seit Monaten liebte er sie von ganzem Herzen. Nur sie wollte er heiraten und dann eine Familie mit ihr gründen.

Auf dem Feld pflückte er ein paar Blumen und wartete am Tor auf sie. Ich kam gerade mit Griet von dem kleinen Markt am Severinstor, beladen mit allerlei Obst und Gemüse. Griet trug einen Weidenkorb mit Äpfeln und Kastanien am Arm und scherzte mit den anderen Mägden.

Sie war ein echt kölsches Mädchen, lachte gerne und war manchmal ziemlich keck. Aber gerade das gefiel Jan so an ihr. Und sie wusste sehr wohl um ihre Schönheit.

»Hallo Griet«, sagte er. Griet blieb stehen.

»Hallo Jan, bestellst du heute nicht die Felder?«

»Doch, doch, aber vorher wollte ich mit dir reden«, druckste Jan herum.

»Äh, ich wollte...«, er zögerte, fasste sich dann aber endlich ein Herz: »Liebe Griet, schon lange möchte ich dir sagen, wie lieb ich dich habe. So gerne würde ich dich zur Frau nehmen. Wenn du auch so fühlst wie ich, dann erhöre meinen Antrag und heirate mich.« Dann reichte er ihr den Blumenstrauß.

Griet schaute erstaunt drein, überlegte einen Moment und winkte schließlich lächelnd ab: »Jan, du bist nur ein Knecht. Meinst du, ich will mich mein Leben lang als arme Magd verdingen? Ich will einen Besseren zum Gemahl.«

»Was soll das heißen, Griet? Bin ich dir nicht gut genug? Du weißt doch, wie fleißig ich bin. Ich werde ganz sicher kein Knecht bleiben, sondern es noch weit bringen.«

Doch Griet schüttelte den Kopf. »Nur ein reicher Bauer soll mein Ehemann werden. Ein Pferd muss er haben und eine Kuh. Vergiss mich und werde lieber mit einer anderen glücklich«, rief sie und zog von dannen.

Ich dachte, meine Eselsohren hören nicht recht. Wer verstehe da die Frauen? Ein Esel sicher nicht. Wie konnte Griet nur so hochnäsig sein? So einen feinen Kerl wie den Jan hatten wir auf dem Kümpchenshof nicht alle Tage. Nun gut, dachte ich mir, du wirst schon sehen, was du davon hast, du geldgieriges Mädchen.

Der arme Jan war natürlich bitter enttäuscht. Ganz schön leid tat er mir. Was für eine Schmach! Verzweifelt lief er in seine Kammer und fasste den Entschluss, nicht mehr länger auf dem Hof zu bleiben. So packte er seine Habseligkeiten und machte sich am nächsten Morgen auf zum Alter Markt. Dort wurden junge Burschen für den Krieg angeheuert. Jan zögerte nicht lange und meldete sich.

Und so zog Jan in den Krieg. Weit weg vom Kümpchenshof, weit weg von Griet, kämpfte er nun über Jahre viele Schlachten. Es war ein langer, sehr langer Krieg, in dem es um Macht und Glauben in ganz Europa ging. Und das ganze 30 Jahre lang. Jan war tapfer und erfolgreich. Er schlug sich wacker und stieg auf bis zum Reitergeneral. Bei seinen Feinden war er gefürchtet, bei den Kölnern jedoch beliebt. War er doch einer von ihnen, der fern von der Heimat so ruhmreich kämpfte. Und wir auf dem Kümpchenshof hörten immer nur von dem großen Generalfeldmarschall Jan von Werth und waren mächtig stolz auf ihn.

Griet hingegen wartete vergebens auf ihren reichen Bauern. Keiner ihrer Verehrer war ihr gut genug. »Nein, nein«, winkte sie stets ab, »ich möchte einen Besseren als dich.« Aber mit den Jahren verblasste ihre Schönheit und schließlich wollte sie keiner mehr haben. So blieb Griet eine einfache Magd und lebte vom Verkauf von Kohlköpfen, Mohrrüben und Kartoffeln. Den Kümpchenshof hatte sie schließlich verlassen und mich als ihren treuen Begleiter mitgenommen. Mittlerweile war ich nämlich auch nicht mehr der Jüngste, und so hatte mich der Bauer mit Griet ziehen lassen. Von ihrem Ersparten hatte sie sich einen Karren gekauft und mich davor gespannt. So gingen wir jeden Tag über das holprige Kopfsteinpflaster zum Markt am Severinstor, um unsere Waren feilzubieten.

Eines Tages, noch lange vor Kriegsende, kam Jan nach einer gewonnenen Schlacht nach Köln. Er hatte dafür gesorgt, dass die Festung Ehrenbreitstein bei Koblenz befreit wurde und somit der Handel auf dem Rhein wieder ordentlich fließen konnte. Stolz schmückten die Kölner ihre Straßen.

»Jan von Werth, unser siegreicher Generalfeldmarschall, gibt sich die Ehre, seiner alten Heimat Köln am Rhein einen Besuch abzustatten«, hieß es in der ganzen Stadt.

Hoch zu Ross, in einer prächtigen Uniform und mit einem mächtigen Schwert versehen, galoppierten Jan und sein Reitertrupp aus Richtung Süden auf Köln zu. Die Orden funkelten blitzblank auf seiner Brust. Durch

das Severinstor führte ihr Weg. Die Menge umjubelte ihren Helden, als dieser plötzlich die Zügel anzog.

»Brrr!« Er brachte sein Pferd zum Stehen.

Er hatte sie sofort erkannt. Es war Griet, seine große Liebe aus Jugendtagen. Da saß sie auf dem kleinen Markt am Severinstor und verkaufte immer noch Obst und Gemüse. Sie hatte wohl keinen reichen Bauern gefunden.

»Bist Du nicht die Griet?«, fragte Jan.
»Die bin ich wohl, Jan«, sprach sie.

Da erinnerte sich Jan, wie sie ihn einst auf dem Kümpchenshof abgewiesen hatte und sprach auf Kölsch: »Griet, wer et hätt jedonn! Wenn Du mich doch geheiratet hättest!« Griet seufzte und antwortete: »Jan, wer et hätt jewoß! Wenn ich gewusst hätte, dass du so reich wirst, dann hätte ich dich natürlich geheiratet.«

Tja, dafür war es nun zu spät. Ich bin ja nur ein alter Esel und auf mich hört sowieso keiner, aber wenn ihr meine Meinung hören wollt, dann würde ich sagen, dass Griet ganz schön dumm gewesen ist. Hätte sie den Jan mal genommen! Aber wer weiß, hätte sie ihn geheiratet, wäre Jan vielleicht gar nicht in den Krieg gezogen und auch kein Reitergeneral geworden. Wie dem auch sei, eine alte Eselweisheit besagt, dass es am besten ist, wenn man auf sein Herz hört und nicht auf das Geld guckt. Aber ich bin ja nur ein alter Esel und mich fragt sowieso keiner. I-A!

Wenn du sehen möchtest, wie Jan von Werth ausgesehen hat, dann gehe zum Alter Markt. Dort steht der Brunnen des Kölner Volkshelden, der 1884 aufgestellt worden ist. Außerdem wird jedes Jahr zu Weiberfastnacht die Geschichte von Jan und Griet von der Karnevalsgellschaft „Reiter-Korps Jan von Werth" an der Severinstorburg aufgeführt. Die Straße „Am Kümpchenshof" zwischen Kaiser-Wilhelm-Ring und Mediapark erinnert uns heute noch daran, wo der Kümpchenshof einmal gestanden hat.

Der stinkende Ritter

it Pauken und Trompeten ritt die kaiserliche Garde auf das Hahnentor zu. Auf der Stadtmauer kündigten Fanfarenbläser feierlich die Ankunft des Kaisers Friedrich des Dritten und seines Sohnes Maximilian an. Sie kamen gerade aus Aachen, wo Maximilian zum König gekrönt worden war. Ihm zu Ehren veranstaltete die freie Reichsstadt Köln ein prächtiges Ritterturnier auf dem Alter Markt. Maximilian höchstpersönlich, ein tapferer und heldenhafter Ritter, wollte an den Spielen teilnehmen.

Als sie mit ihrem Gefolge durch das Stadttor ritten, jubelte ihnen das Volk zu: »Es lebe der Kaiser! Es lebe der König!« Friedrich und Maximilian winkten den Kölnern von ihren Rossen herab zu.

»Mein Junge«, sagte Friedrich zu seinem Sohn, »jetzt bist du König und wirst einmal mein Nachfolger als Kaiser sein. Also zeige dem Volk, dass du der beste Ritter im ganzen Kaiserreich bist.« Darauf sprach Maximilian: »Werter Vater, Euer Wunsch ist mir Befehl. Ich werde Euch und das Volk nicht enttäuschen.«

Sie kamen am Alter Markt an. Für gewöhnlich herrschte hier geschäftiges Treiben, denn er war einer der größten Marktplätze der Stadt. Doch zur Feier dieses besonderen Tages im Jahr 1486 war der Alter Markt als Turnierplatz für die Ritterspiele hergerichtet worden. Die Häuser waren mit

bunten Girlanden geschmückt und überall wehten Fahnen mit dem kaiser-
lichen Wappen. Auf einer Tribüne konnten die feinen Damen und Herren
Platz nehmen, um von dort aus die Ritterspiele zu verfolgen.

Auch das Volk bereitete sich auf die Spiele vor. Gaukler, Feuerspucker und
Zauberer sorgten für ein buntes Jahrmarkttreiben. Kinder liefen fröhlich
und aufgeregt durch die Gassen. Die Männer nahmen an Schießspielen teil.
Armbrust- und Büchsenschützen wetteiferten dabei um den Titel des Schüt-
zenkönigs, und der Sieger erhielt einen Schützenvogel als Trophäe. Alle
amüsierten sich über das lustige Gecken-Berndchen, einen Narren, der toll-
dreiste Späße machte und den Schützenkönig ausrief.

Nun war der Alter Markt eigentlich gar kein richtiger Turnierplatz für Ritterspiele. Fanden die Turniere sonst eher auf Feldern vor den Burgen statt,
mussten die Kämpfe in Köln auf dem harten Kopfsteinpflaster des Markt-
platzes ausgetragen werden. Ritter, die von ihren Pferden fielen, landeten
folglich äußerst unsanft auf ihrem Hinterteil. Ein weiches Polster musste
her!

Da hatten die Kölner Ratsherren eine pfiffige Idee: Die Bewohner des Platzes, die von ihren Fenstern ohnehin die beste Sicht auf das Geschehen hatten, sollten gefälligst auch etwas dafür tun. Und zwar sollten sie Kuh- und Pferdemist aus ihren Ställen herkarren und den ganzen Platz damit auslegen. Dann würden die Ritter wenigstens weich fallen, befand der Stadtrat. Naserümpfend taten die Anwohner wie ihnen befohlen und schafften ganze Wagenladungen Mist herbei, den sie sorgfältig auf dem Platz verteilten.

Unterdessen waren die letzten Vorbereitungen für das Ritterturnier in vollem Gange. Während auf der Tribüne die feinen Herrschaften Platz nahmen, bereitete sich Maximilian auf seine Kämpfe vor. Zuerst sollten sich die Ritter im Lanzenstechen beweisen. Dabei galoppierten zwei Ritter aufeinander zu und versuchten sich gegenseitig mit der Lanze aus dem Sattel zu stoßen. Der junge König überstand die Vorrunde mit Bravour. Einen Ritter nach dem anderen stieß er vom Pferd, und jedes Mal purzelten sie in den stinkenden Mist. Das Volk jubelte und war stolz auf seinen starken und wagemutigen König. Sichtlich zufrieden sah auch sein Vater Friedrich von der Tribüne aus zu.

Doch im großen Finale wartete ein schwieriger Gegner auf Maximilian. Es war kein Geringerer als der kühne Pfalzgraf Philipp, der nicht weniger mutig war als der König selbst. Gespannt wartete das Volk auf den Kampf. Jungen und Mädchen drängelten sich nach vorne an die Absperrung, um auch einen Blick auf den König zu erhaschen.

Da erklangen auch schon die Fanfaren. Mit glänzender Rüstung und wehendem Helmbusch ritt Maximilan auf seinem Schlachtross ein. Das kaiserliche Wappen zierte sein Schutzschild. Pfalzgraf Philipp hatte bereits Position eingenommen. Maximilian warf seinem Vater einen letzten Blick zu. Dieser erwiderte den Blick, als wolle er den Sohn an sein Versprechen erinnern, bloß keine Schande über das Königshaus zu bringen. Maximilian nickte und klappte sein Visier herunter. Im selben Augenblick ertönte das Signal zum Kampf.

Maximilian und Philipp gaben ihren Schlachtrossen die Sporen und ritten im Galopp aufeinander los. Ihre Lanzen hielten sie fest umklammert. Das Volk feuerte Maximilian an und schrie fortweg: »König! König!« Nur noch wenige Meter trennten die beiden Ritter voneinander. Maximilian richtete seine Lanze auf Philipps Rüstung, doch im letzten Moment verfehlte er sein Ziel. Stattdessen traf ihn die Lanze des Pfalzgrafen mit voller Wucht. »Ahhhhh«, schrie Maximilian und fiel vom Pferd. Das Volk verstummte. Stille auf dem Alter Markt.

Da lag er nun, der König, mitten in dem stinkenden Kölner Mist. Kaiser Friedrich vergrub sein Gesicht in den Händen. Was für eine Blamage. Sein Sohn, der zukünftige Kaiser des römisch-deutschen Reiches, lag wie ein Häufchen Elend am Boden.

Pfalzgraf Phillip stieg sogleich vom Pferd. Dann folgte eine für einen Ritter ganz und gar ungewöhnliche Geste. Er half Maximilian auf die Beine und schritt mit ihm zur Tribüne hinüber. Dort kniete er vor dem Kaiser nieder und flehte: »Verzeiht mir, Euer Hoheit, dass ich Euren Sohn vom Pferde gestoßen habe! Ich bin untröstlich!«

Überrascht von dieser großherzigen Entschuldigung des Ritters sprach der Kaiser: »Nun, Pfalzgraf, Ihr habt Euer Bestes gegeben, so wie es sich für einen echten Ritter gehört. Der Bessere soll gewinnen.«

Als sich der Kaiser dann seinem Sohn zuwandte, verzog er plötzlich das Gesicht und hielt sich die Nase zu: »Mein Sohn, du stinkst ja, als wärst du in einen Misthaufen gefallen. Wie kann das sein?« Maximilian traute sich nicht, seinen Vater anzusehen, so sehr schämte er sich. Da ergriff Philipp schnell das Wort: »Euer Hoheit, damit die Ritter nicht so hart fallen, haben die Kölner den Platz mit Mist gepolstert.«

Verlegen schauten die Ratsherren, die gleich neben Friedrich saßen, zur Seite. Bestimmt war der Kaiser wütend auf sie, weil sein Sohn im Mist gelandet war. Da erhob sich der Kaiser und sagte: »Ihr Kölner seid schon ein lustiges Völkchen! So etwas habe ich in meinem ganzen Reich noch nicht erlebt.«

Dann schmunzelte er. Zuerst ganz leise, und dann begann er zu lachen. Immer lauter und lauter. Und alle stimmten mit ein in sein Gelächter, bis der ganze Alter Markt vor Lachen bebte. Und Maximilian? Der wurde trotz seiner Niederlage von den Kölnern gefeiert, auch wenn er jetzt ein stinkender König war.

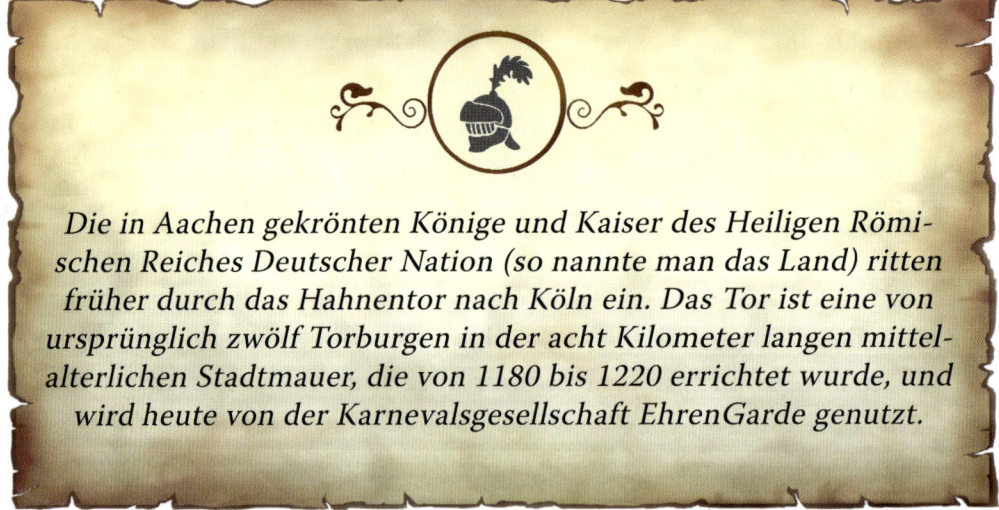

Die in Aachen gekrönten Könige und Kaiser des Heiligen Römischen Reiches Deutscher Nation (so nannte man das Land) ritten früher durch das Hahnentor nach Köln ein. Das Tor ist eine von ursprünglich zwölf Torburgen in der acht Kilometer langen mittelalterlichen Stadtmauer, die von 1180 bis 1220 errichtet wurde, und wird heute von der Karnevalsgesellschaft EhrenGarde genutzt.

Feuerspuk am Rathaus

Mitternacht am Kölner Rathausplatz. Der letzte Glockenschlag der Turmuhr war soeben verklungen und hatte den Karfreitag eingeläutet. Da tat sich unter der Treppe zum Rathaus mit lautem Knarren ein riesiges Loch auf, aus dem hohe Flammen schlugen. Alsdann erschienen sechs feurige Rappen mit glühenden Augen. Sie zogen eine brennende Kutsche hinter sich her. Auf dem Kutschbock saß ein Kutscher mit feuerrotem Haar. Drohend schwang er seine Peitsche und schrie unentwegt: »Hossa, Hossa!«

Wer ganz genau hinsah, erkannte in der brennenden Kutsche einen ehemaligen Kölner Bürgermeister in Frack und Zylinder. Der war so böse und erbarmungslos mit den Kölnern umgesprungen, dass er zur Strafe für alle Ewigkeit in der Feuerkutsche spuken musste. Die brennende Kutsche raste mit lautem Gepolter die Judengasse hinunter, um schließlich unter dem Gürzenich in einem Loch zu verschwinden, das sich sodann wie von Geisterhand schloss. Bis zur nächsten Karfreitagnacht.

In Köln nannte man dieses schauerliche Spektakel den Spuk der Feuerkutsche. Jedes Jahr trug er sich in der Karfreitagnacht zu. Die Kölner hatten so schreckliche Angst davor, dass diejenigen, die Verwandte auf dem Lande hatten, über Ostern immer mit Kind und Kegel die Stadt verließen. Diejenigen, die zu Hause blieben und in der Nähe des Rathausplatzes wohnten, verbarrikadierten ihre Türen und vernagelten ihre Fenster mit Brettern.

Nun begab es sich, dass Köln abermals einen bösen Bürgermeister hatte, und zwar den Bürgermeister Lyskirchen. Ein übler Gesell, dem Geld das Wichtigste auf Erden war und der nur auf seinen Vorteil bedacht war. Er war nicht nur Kölner Bürgermeister, sondern besaß auch den größten Gutshof und war einer der reichsten Männer der Stadt.

101

Eines Tages brach eine Hungersnot in Köln aus. Die Felder waren abgeerntet und alle Vorräte an Korn und Mehl aufgebraucht. Es gab nichts mehr zu essen, und den Kölnern knurrte der Magen. Nur die Kornspeicher von Bürgermeister Lyskirchen waren prall mit Korn gefüllt, weil er warten wollte,

bis die Zeiten so schlecht waren, dass er sein Korn zu Wucherpreisen verkaufen konnte. Dabei hätte man mit seinen Vorräten die ganze Stadt satt
bekommen, aber er gab nichts her. Was für ein raffgieriger Bürgermeister!
Er ließ seine Bürger hungern und wollte sich auch noch an ihnen bereichern.

Irgendjemand musste ihn zur Vernunft bringen. Die Handwerkszünfte berieten sich und wählten drei Männer aus, dem Bürgermeister ein Angebot zu unterbreiten: Kaufmanns Pitter, weil er so geschickt verhandeln konnte, Metzgers Mattes, weil er mit allen gut Freund war und Schmiedehannes, der auf seiner Ziehharmonika so schöne kölsche Lieder spielte, dass den Menschen das Herz aufging.

Die drei gingen ins Rathaus und sprachen beim Bürgermeister vor. Kaufmanns Pitter fasste sich ein Herz und sagte: »Bürgermeister Lyskirchen, die Bürger der Stadt Köln haben uns beauftragt, Euch ein Angebot zu machen. Wir wollen Euch Euer Korn abkaufen und daraus Brot backen, damit die armen, vom Hunger geplagten Kölner endlich wieder etwas im Magen haben. Keine Angst, wir wollen es nicht geschenkt haben. Wir haben gesammelt und können Euch sogar den regulären Preis in Kölner Silbermark dafür bezahlen.«

Aber der Bürgermeister ließ sich nicht erweichen und sprach: »Wie könnt ihr es wagen, mir eine so lächerliche Summe anzubieten? Gerade in diesen schweren Zeiten ist mein Korn sechsmal so viel wert. Ehe ich es an Euch verkaufe, werfe ich es lieber den Mäusen zum Fraß vor. Und nun trollt Euch fort aus meiner Ratsstube, aber sofort!« Und so warf er sie hinaus. Aber an der Tür drehte sich Metzgers Mattes noch einmal um und sprach: »Bürgermeister Lyskirchen, der Karfreitag ist zum Glück nicht mehr weit, und Ihr wisst ja, was dann mit bösen Bürgermeistern in Köln geschieht.«

»Pah«, sprach da der Bürgermeister, »dass ich nicht lache! Dem Spuk der Feuerkutsche werde ich nun ein für alle Mal ein Ende bereiten, Ihr werdet schon sehen.«

Dann kam der Karfreitag. Was würde wohl geschehen? In Erwartung des fürchterlichen Feuerspuks linsten die Bürger ängstlich durch die Schlitze zwischen den Brettern ihrer verbarrikadierten Häuser. Oben auf dem Dach seiner Schmiede stand der Schmiedehannes und ließ den Rathausplatz nicht aus den Augen. Bürgermeister Lyskirchen lief dort geschäftig auf und ab.

Er machte keineswegs einen ängstlichen Eindruck. Was führte dieser Hals-abschneider nur im Schilde?

Gegen Abend war der Rathausplatz menschenleer, keiner traute sich mehr auf die Straße. Auf einmal kamen die Knechte vom Hof des Bürgermeisters mit Schubkarren angelaufen und streuten schwarze Körner über den ganzen Platz. Man hätte vermuten können, es seien die Körner aus seinen Korn-speichern, aber weit gefehlt. Es waren Schrotkörner.

»Ausgerechnet Schießpulver«, dachte der Schmiedehannes. »Das also ist der Plan des Bürgermeisters. Er will die Feuerkutsche in die Luft sprengen, wenn sie brennend über das Schießpulver fährt. Was für ein teuflischer Plan! Na, warte, dir werde ich es schon zeigen.« So stieg er vom Dach, holte seine Ziehharmonika und verschwand in der Abenddämmerung.

Es war totenstill. Nur der Bürgermeister wartete vor dem Rathaus allein im Dunkeln auf Mitternacht. Da hörte man von fern eine liebliche Melodie, die immer näher kam. Als es den ersten Glockenschlag zwölf tat, bog der Schmiedehannes mit seiner Ziehharmonika um die Ecke. Von seiner Musik angelockt folgten ihm in Scharen die Mäuse der Stadt. Hungrig machten sie sich über das Schießpulver her. So lange hatten sie in den Abfällen nichts Essbares mehr gefunden, dass ihnen nun selbst Schrotkörner recht waren. Und obwohl der Bürgermeister schrie und um sich trat, hatten die Mäuse noch vor dem letzten Glockenschlag das allerletzte Körnchen aufgefressen.

Jetzt war es Mitternacht. Mit einem ohrenbetäubenden Donnerschlag öffnete sich das Loch unter der Treppe zum Rathaus. Hoch züngelten die Flammen daraus empor. Mit grausigem Wiehern erschienen die sechs feurigen Rappen. Ihre Augen glühten und Funken stoben aus ihren Nüstern, als sie die Feuerkutsche aus dem Loch zogen. Auf dem Kutschbock saß der grimmige Kutscher mit dem feuerrotem Haar und schwang bedrohlich seine Peitsche. In der Kutsche saß feixend der spukende ehemalige Bürgermeister. Und so raste die Kutsche durch die Nacht zum Gürzenich hinunter.

Auf einmal holte der Kutscher mit seiner Peitsche aus und mit lautem Knall wickelte sich der Lederriemen um den Hals des Bürgermeisters Lyskirchen. Mit einem Ruck zog er ihn in die Kutsche hinein zu seinem griesgrämigen Amtskollegen, und dann polterte sie weiter die Judengasse entlang, um schließlich und endlich in dem Loch unter dem Gürzenich zu verschwinden. Ein letztes Mal loderten die Flammen auf, dann war der Spuk vorbei.

Seither wurde die Feuerkutsche nie mehr gesehen, und auch der böse Bürgermeister Lyskirchen blieb für alle Ewigkeit verschwunden. Die Kölner zogen jubelnd zu seinem Gutshof, plünderten die Kornspeicher und backten Brot für die ganze Stadt. Ein riesiges Freudenfest wurde gefeiert, und Schmiedehannes war der Held von ganz Köln.

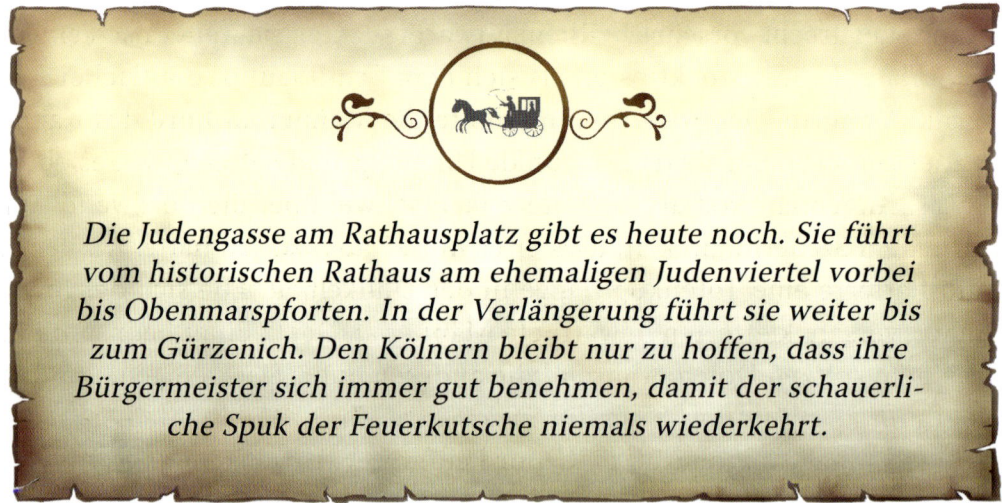

Die Judengasse am Rathausplatz gibt es heute noch. Sie führt vom historischen Rathaus am ehemaligen Judenviertel vorbei bis Obenmarspforten. In der Verlängerung führt sie weiter bis zum Gürzenich. Den Kölnern bleibt nur zu hoffen, dass ihre Bürgermeister sich immer gut benehmen, damit der schauerliche Spuk der Feuerkutsche niemals wiederkehrt.

Von Piraten und Pfeffersäcken

Schwer beladen lag das Handelsschiff im Wasser und machte nur langsam Fahrt. Nach seiner langen Reise in ferne Länder war es nun endlich auf dem Heimweg nach Köln. Gute Geschäfte hatten die Händler getätigt. Die berühmten Kölnischen Spitzen, Garne, Tuch, Eisen und Blei hatten sie verkauft. Fest verschnürt lagen ihre prall gefüllten Geldsäcke unter Deck. Überdies brachten sie exotische Waren mit, von denen sie sich zuhause ein großes Geschäft versprachen: Gewürze, Goldschmiedearbeiten, Perlmutt und etwas ganz Besonderes aus Übersee, das man Tabak nannte und aus Pfeifen rauchte. Sogar einen echten Affen hatten sie dabei, der mit seinen Streichen die ganze Mannschaft unterhielt und den sie Rudi nannten. Die Männer waren guter Dinge und freuten sich auf ihre Familien.

Bei Sonnenuntergang erreichten sie den Kölner Hafen, fanden jedoch keinen Anlegeplatz. Zu viele englische und flandrische Handelsschiffe lagen dort vor Anker, um ihre Waren drei Tage lang am Ufer zu stapeln, so wie es das Kölner Stapelrecht vorschrieb. Rheinaufwärts suchten sie weiter nach einem Ankerplatz. Es war stockfinster, als sich dem Schiff lautlos ein flacher Ruderkahn näherte. Der Steuermann konnte die Männer an Bord des Kahns nicht erkennen, denn sie trugen dunkle Umhänge und hatten ihre Gesichter schwarz angemalt. Erst als ein Enterhaken schwer über die Bordwand fiel, wurde dem Steuermann klar, dass er es mit Piraten zu tun hatte. An deren Kahn flatterte eine Totenkopfflagge in der Dunkelheit. Ehe sich der Steuermann versah, kletterten bewaffnete Männer an Deck. Einer bedrohte ihn mit einem spitzen Dolch, während die anderen unter Deck gingen, um den Laderaum zu plündern. Sack für Sack, Kiste für Kiste brachten sie nach oben und luden sie polternd über Bord auf ihren schwankenden Kahn.

»Potzteufel, wir werden ausgeraubt«, ertönte ein Ruf aus der Kajüte. Die von dem Gepolter geweckten Händler stürzten bewaffnet an Deck und lieferten sich einen erbitterten Schwertkampf mit den Freibeutern. Die Piraten zückten ihre Säbel und riefen: »Ergebt euch, ihr dicken Pfeffersäcke!«

Ihre Waffen klirrten aneinander, doch die Händler hatten keine Chance. Die Piraten waren einfach in der Überzahl. Schnell fesselten sie die Kaufleute mit Stricken an die Masten und sprangen auf ihren Kahn, wo die Beute inzwischen sicher verstaut war. Weg waren sie mit all dem Geld und all den Waren. »Satansbraten, Piratenpack«, fluchten die Kaufleute ihnen hinterher.

Stinksauer blieben die Händler auf dem Schiff zurück. Doch zum Glück hatten sie Rudi. Der schlaue Affe sprang herbei und nagte mit seinen Zähnen so lange an den Stricken, bis die Händler sich befreien konnten. Sie beschlossen, noch in der Nacht zur Obrigkeit zu gehen und den Raub anzuzeigen. Als ihr Schiff das Rheintor passierte, legten sie an und eilten zur Wachstube des Richters am Kölner Rathaus.

»Werter Herr Richter, wir brauchen Eure Hilfe. Piraten haben unser Schiff ausgeraubt und sind mit der Beute geflüchtet. Noch können wir die Bande schnappen.«

Der Richter sprach: »Das können nur die berüchtigten Porzer Piraten gewesen sein. Doch auf der anderen Rheinseite, der schäl Sick, sind wir machtlos, denn es ist das Gebiet des bergischen Grafen, der ein Eindringen unsererseits nicht duldet. Helfen kann in Eurem Fall nur einer: Der Junker Heimbach, der dort Sonderrechte genießt und sich im Rechtsrheinischen auskennt wie in seiner Westentasche. Außerdem kann er Euch schnelle Pferde und Spürhunde zur Verfügung stellen. Ich werde sofort nach ihm schicken lassen.«

Als die Sonne aufging, hatte Junker Heimbach bereits alles vorbereitet. Kaum hatten die Händler nach Porz übergesetzt, schwangen sie sich auf die Pferde. Sogar Rudi, der Affe, war mit von der Partie. Die Verfolgungsjagd ging los. Alles hörte auf das Kommando von Junker Heimbach. Wild kläffend hetzten die Hunde tief in den Wald hinein. Einer von ihnen hatte plötzlich die Fährte der Freibeuter aufgenommen. Es war nicht leicht für die Händler, ihm durch das Unterholz zu folgen. Schließlich kamen sie auf eine Lichtung, auf der eine Handvoll windschiefer Holzhütten standen: Das Geheimversteck der Piratenbande! Die Hütten waren verlassen, aber aus dem

erloschenen Feuer in der Mitte der Lichtung qualmte noch etwas Rauch. Sie konnten also noch nicht lange weg sein.

Die Händler stiegen von ihren Pferden und durchsuchten die Hütten nach dem Diebesgut. Leider ohne Erfolg. Schließlich entdeckte Rudi den Eingang zu einer Höhle. Mutig ging Junker Heimbach hinein und beförderte nacheinander acht Kisten aus der Höhle. »Unsere Waren«, freuten sich die Händler. Nur von den Geldsäcken war keine Spur.

»Packt die Kisten auf die Pferde und reitet zurück nach Köln«, befahl Junker Heimbach einem Teil der Männer. »Wir übrigen werden den Piraten nachstellen, und wenn wir sie finden, dann sind sie dran!«

Und weiter ging die Jagd. Sie folgten engen Pfaden, die sich durch das Gestrüpp schlängelten. Plötzlich schlug einer der Händler Alarm: »Hier liegt Geld!« Tatsächlich, da lag eine Spur aus Gold- und Silbermünzen direkt vor ihnen. Einer der Geldsäcke musste ein Loch gehabt haben. Die Münzen wiesen ihnen nun den Weg. Schnell folgten sie der Spur, während Rudi die Münzen aufsammelte. Plötzlich hörten sie lautes Gebell und Schreie. Junker Heimbach und seine Männer stürzten dem Lärm hinterher. Mitten in einem Feld hatten die Hunde die Übeltäter gestellt und sich in ihren Hosenbeinen festgebissen. Die finsteren Gesellen zitterten vor Angst und ergaben sich freiwillig. Sie wurden festgenommen und die Beute sichergestellt. Kein einziger Sack fehlte.

Als sie wieder in Köln angekommen waren, wurde Junker
Heimbach von den Kaufleuten
reich belohnt. Einen ganzen
Geldsack durfte er behalten.
Auch Rudi ging nicht leer aus.
Er bekam eine leckere Zucker-
stange. Die Piraten aber wurden dem Richter vorgeführt
und in einen Turm der Kölner
Stadtmauer gesperrt. Dort
mussten sie fortan bei Wasser
und Brot ihr Dasein fristen - bis
zu ihrer Begnadigung, und niemand weiß mehr, wann das war.

Im Mittelalter war Köln eine florierende Handelsstadt und Mitglied der deutschen Hanse. Die reichen und wohlgenährten Händler bezeichnete man oft als „Pfeffersäcke", weil sie mit Pfeffer und anderen teuren Gewürzen handelten und so dick waren, dass sie wie Säcke aussahen. Diesen Reichtum und das Fernhandelsgeschäft verdankte man dem Rhein als Handelsstraße und dem Kölner Stapelrecht. In der Höhe des Fischmarkts am Rheinufer kannst du dir das ehemalige Stapelhaus anschauen, dessen Turm noch aus dem Mittelalter stammt. Dort wurden die Waren der Handelsschiffe drei Tage lang gestapelt und ausgestellt. Die Kölner Händler hatten das Vorkaufsrecht. Dadurch war Köln immer bestens versorgt mit den neuesten und exotischsten Waren und Köstlichkeiten aus der ganzen Welt.

Die Heinzelmännchen

Vor langer Zeit lebte in Köln eine fleißige Schar von Wichteln. Genauer gesagt, lebten sie unter der Stadt in der Erde. Woher sie kamen, weiß niemand so genau. Manche erzählen, sie wären aus dem Siebengebirge nach Köln gekommen, unter die Erde gekrochen und hätten sich dort ein riesiges Zwergenreich geschaffen.

Da lebten sie nun im Erdreich und werkelten fleißig vor sich hin. Wenn sie arbeiten konnten, waren sie glücklich. Obgleich nie ein Mensch sie je richtig gesehen hat, erzählt man sich, dass sie nicht größer als fußhoch gewesen seien. Kleine Stupsnasen hatten sie und weiße Bärte. Wenn sie mal an die Erdoberfläche kamen, trugen sie mit Vorliebe rote Mäntelchen und rote Zipfelmützchen. Letztere hatten eine Besonderheit: Kaum setzen sie die Mützchen auf, waren sie unsichtbar. Sollten sie allerdings einmal ihre Mützchen verlieren, würden sie für Menschen sichtbar. Und dann würden sie die Stadt für immer und ewig verlassen müssen.

Auf Dauer gab es allerdings unter der Erde nicht mehr viel zu tun. »Männlein, wir müssen nach oben!«, sagte eines Tages der Zwergenkönig. »Mal sehen, was wir dort tun können. Mützchen auf!«

Sogleich setzten sich die Wichtel ihre roten Mützen auf und kraxelten hinauf. Aber was sie da sahen, war gar nicht schön. Die Kölner waren lange nicht so fleißig wie sie. Behäbig gingen sie ihrer Arbeit nach. »Rheinische Gemütlichkeit! Abmarsch!«, befahl der Zwergenkönig. »Hier wollen wir nicht helfen.«

»Solchen Faulpelzen wollen wir nicht zur Seite stehen«, schimpfte der Zwergenkönig. Einer nach dem anderen stiegen die Heinzelmännchen wieder in ihr Erdreich zurück und fielen in einen langen Schlaf.

Nach ein paar Jahren wurde der Zwergenkönig von einem lauten Schnarchen von oben geweckt. Er kroch hoch um nachzusehen. Nichts hatte sich geändert. Trägheit, wohin das Auge reichte. Das konnte nicht so weitergehen, dachte er sich. Es war dringend an der Zeit zu handeln. Er pfiff seine Männlein zusammen: »Mützchen auf! Wir müssen denen da oben jetzt mal zeigen, wie man arbeitet.«

Jauchzend setzten die Wichtel ihre roten Zipfelmützen auf, zogen ihre Mäntelchen an, griffen ihr Werkzeug und kletterten gleich nach Sonnenuntergang nach oben.

Endlich konnten sie sich nützlich machen. Sie erledigten alle Arbeiten, während die Handwerker und Gesellen schliefen. Angefangenes durfte nicht liegen bleiben und musste unbedingt bis zum Sonnenaufgang fertig sein. Dem Zimmermann halfen sie beim Häuser bauen, dem Bäcker beim Brot backen, dem Fleischer beim Schlachten, dem Küfer beim Schänken und dem Schneider beim Nähen. Sehen konnte sie freilich niemand. Nur wer ganz genau hinhorchte, hörte ein leises Trippeln und Trappeln, wenn die Hein-

zelmännchen kamen. Dann werkelten sie mit ihren flinken Händchen, sägten und stachen, backten und hackten, mengten und mischten, schwenkten
und senkten und nähten und stickten bis zum Morgengrauen. Paradiesische
Zeiten waren das für die Kölner. Die konnten sich gemütlich aufs Ohr legen,
während die Männlein ihre Arbeiten vollendeten.

Am liebsten halfen die Wichtel dem Schneider Heinrich. Leise pfiffen sie
ein fröhliches Zwergenlied, denn dann machte das Arbeiten doppelt so viel
Spaß. Ab und zu hörte man die Heinzelmännchen mit den Nadeln klimpern
oder die Scheren wetzen. »Hier noch ein Flicken, da noch ein Knopfloch«,
riefen sie. »Aua!«, schrie ein Wichtel, der sich in den Finger gestochen hatte.
»Auf auf, Männlein!«, rief der Zwergenkönig. »Morgen früh müssen die
Kleider genäht und gebügelt sein.«

So ging es fast jede Nacht in den Hand-
werksstuben zu. Natürlich rätselten die
Kölner, wer denn wohl diese kleinen
Wunder vollbrächte – es war doch niemand zu sehen. Aber letzten Endes war
es ihnen auch egal. Hauptsache ihre Arbeit war am nächsten Morgen fertig.
Und das war sie immer.

Eines Tages erhielt Schneider Heinrich
einen wichtigen Auftrag. Er sollte für
den Bürgermeister höchstpersönlich
einen neuen Staatsrock nähen. Kaum
legte er sich zur Ruhe, schlichen auch
schon auf leisen Sohlen die Heinzelmännchen heran. Sie kletterten auf den
Schneidertisch, krempelten die Ärmel-
chen hoch und legten los. Und am
nächsten Morgen war der Rock fertig.

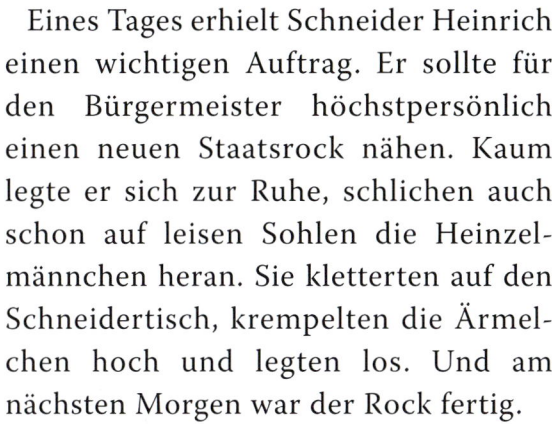

Doch neugierig war des Schneiders
Weib. Margarethe, die fürwitzige Frau
von Schneider Heinrich, wunderte sich
sehr darüber, wie schnell der Staatsrock
genäht war. Außerdem machte sie das
allnächtliche Getrappel in der Nähstube
stutzig. Wie gerne hätte sie einmal gesehen, wer da wohl so eifrig war. Doch so
sehr sie sich auch anstrengte, die Heinzelmännchen blieben unsichtbar. Da
überlegte sie sich eine List: »Erbsen
werde ich streuen.«

Gleich in der nächsten Nacht wollte sie ihren Plan umsetzen. Sie schlich mit einer Kerze in die Nähstube und versteckte sich. Kaum hörte sie das Getrappel, streute sie Erbsen auf die Treppe. Oh weh, oh weh, da rutschten die Heinzelmännchen eins nach dem anderen aus. Sie schlugen auf die Stufen, stürzten und wehklagten.

Die armen Heinzelmännchen! Da lagen sie nun auf der Treppe und schrien und weinten. Ihre roten Zipfelmützchen hatten sie verloren und so waren sie sichtbar geworden. Margarethe kam sogleich mit ihrer Kerze herbeigeeilt, um sich die Wichtel anzusehen. Da schrie der Zwergenkönig: »Männlein, lauft weg, so schnell ihr könnt! Husch, husch!«

Hastig schnappten die Kleinen ihre Mützchen und liefen fort.

Seitdem sind die Heinzelmännchen nie mehr wiedergekommen. Vorbei waren die schönen Zeiten ein für allemal. Von nun an mussten die Kölner ihre Arbeiten wieder ganz allein verrichten. Und so mancher klagt noch heute: »Ach, dass es noch wie damals wär´, doch kommt die schöne Zeit nicht wieder her!«

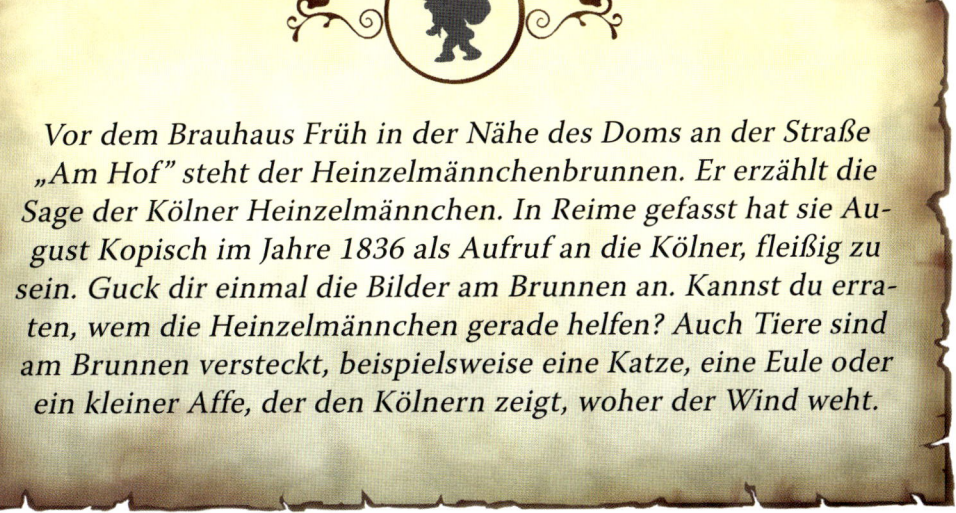

Vor dem Brauhaus Früh in der Nähe des Doms an der Straße „Am Hof" steht der Heinzelmännchenbrunnen. Er erzählt die Sage der Kölner Heinzelmännchen. In Reime gefasst hat sie August Kopisch im Jahre 1836 als Aufruf an die Kölner, fleißig zu sein. Guck dir einmal die Bilder am Brunnen an. Kannst du erraten, wem die Heinzelmännchen gerade helfen? Auch Tiere sind am Brunnen versteckt, beispielsweise eine Katze, eine Eule oder ein kleiner Affe, der den Kölnern zeigt, woher der Wind weht.

Prinzessin Ursula

E s war einmal eine wunderschöne Prinzessin. Sie hieß Ursula und war die Tochter von König Maurus aus der Bretagne. Der Name Ursula bedeutet Bärin, und Prinzessin Ursula machte ihm alle Ehre. Sie war nicht nur schön und klug, sondern auch bärenstark. Besonders stark war ihr Wille. Wenn sie etwas wollte, setzte sie es durch. Wenn sie aber etwas nicht wollte, dann war nichts zu machen. Und eines wollte sie niemals, nämlich heiraten! Weil der liebe Gott soviel Platz in ihrem Herzen einnahm, war es ihr größter Wunsch, Nonne zu werden und in einem Kloster zu leben.

Ursulas Schönheit und Klugheit waren weit über die Grenzen des Landes bekannt. Überall rühmte man die Anmut der bretonischen Prinzessin mit dem langen, seidigen Haar und den leuchtend blauen Augen.

So begab es sich eines Tages, dass Conanus, ein junger Königssohn aus dem Norden Englands, sein Pferd sattelte, um sich in die Bretagne aufzumachen. Dort wollte er bei Ursulas Vater um die Hand seiner Tochter anhalten. Nur die schöne Prinzessin Ursula sollte seine Frau werden und keine andere.

Aber Ursula weigerte sich, ihn zu empfangen. Warum sollte sie auch? Sie wollte ja sowieso nicht heiraten. Conanus aber blieb hartnäckig. Immer wieder stand er mit seinem Gefolge vor dem Schlosstor und bat um Einlass. Schließlich willigte sie ein, ihn zu treffen.

Die Prinzessin trug ein langes, mit Edelsteinen besetztes Gewand und ihre goldene Krone im Haar. Gleichgültig wartete sie auf den Verehrer. Da jedoch geschah etwas völlig Unerwartetes: Als der stattliche Königssohn den Saal betrat, saß Ursula wie vom Blitz getroffen auf ihrem Thron und konnte die Augen nicht mehr von ihm abwenden. Sie dachte: »Wenn ich doch jemals heiraten sollte, dann nur diesen einen Mann.«

Conanus´ Herz pochte so laut, dass man es fast hören konnte. Nachdem er seinen Heiratsantrag gemacht hatte, erbat er sich die Antwort für den nächsten Tag. Dann verbeugte er sich tief vor der Prinzessin, küsste ihr die Hand und ging.

»Ach, Vater«, sprach Ursula verzückt, »dieser Engländer gefällt mir. Er scheint mir ein gutherziger und edler Mann zu sein. Vielleicht würde ich doch eine Ausnahme machen und ihn heiraten.«

»Was fällt dir ein, meine Tochter?«, rief König Maurus. »Er glaubt nicht an Gott, er ist ein Heide! So jemand kann unmöglich meine fromme und kluge Tochter heiraten. Urselchen, du bist viel zu schade für ihn.«

»Ich werde eine Nacht darüber schlafen, ich habe mit der Entscheidung ja noch bis morgen Zeit. Gute Nacht, Vater«, sagte Ursula und begab sich in ihre Gemächer.

Vor lauter Aufregung konnte sie nicht einschlafen. Was sollte sie nur tun? Also betete sie zu Gott, er möge ihr einen Rat geben. In dieser Nacht erschien ihr im Traum ein Engel. »Ursula«, sprach er, »verlobe Dich ruhig mit Conanus, wenn es Dein Wunsch ist. Alsdann versammle eine große Schar von Jungfrauen um Dich und gehe drei Jahre lang auf eine Pilgerreise nach Rom. Während dieser dreijährigen Verlobungszeit soll Conanus in sich gehen, den Glauben an Gott finden und sich taufen lassen. Erst dann ist er Deiner würdig. Und nach Deiner Rückkehr aus Rom soll Eure Hochzeit gefeiert werden.«

Also willigte Prinzessin Ursula ein, in drei Jahren Conanus´ Frau zu werden, wenn er die Bedingung erfüllte. Bereits am nächsten Tag verlobten sich die beiden, und Conanus reiste wieder nach England. Für Ursula gab es viel zu tun. Ganze 11.000 Jungfrauen fanden sich, die die Prinzessin auf ihrer Reise begleiten wollten. Große Segelschiffe aus Holz wurden gebaut, was sehr viel Arbeit war, aber alle 11.000 Jungfrauen packten fleißig mit an und halfen den Zimmerleuten. Sie sägten das Holz für die Planken und Masten, schnitten das Leinen zu und nähten die Segel.

Und los ging die Reise. Der Wind blähte die Segel und die Jungfrauen stachen in See. Prinzessin Ursula übernahm das Kommando und führte die Flotte sicher durch alle Gewässer. Sie fuhren bis nach Köln, wo der Erzbischof sie mit allen Ehren empfing. Dort ruhten sie sich von der langen und anstrengenden Reise aus, denn so eine Schiffsreise dauerte damals, im fünften Jahrhundert, viele Monate.

In der Nacht vor ihrer Abreise nach Rom erschien Ursula abermals der Engel im Traum. Diesmal hatte er keine gute Nachricht.

»Ursula«, sprach er, »auf deiner Rückreise von Rom wirst du nach Köln zurückkehren und hier sterben. Aber hab keine Angst. Der liebe Gott wird Dich zu sich in den Himmel holen, weil er Dich an seiner Seite haben möchte.«

Die Prinzessin erschrak fürchterlich, aber sie vertraute dem Engel und sagte sich: »Solange Gottes Wille geschieht, ist alles gut. In seine Hände will ich mein Schicksal legen.«

Ihre allergrößte Sorge galt jedoch Conanus. Was sollte nur aus ihm werden, wenn sie im Himmel war?

Am nächsten Morgen ging die Reise weiter. Ab Basel nahmen die Jungfrauen den beschwerlichen Fußweg über die Alpen bis nach Rom, wo sie der Papst höchstpersönlich taufte. Dann pilgerten sie durch die heilige Stadt

und beteten in allen Kirchen. Als die drei Jahre Verlobungszeit fast vorbei waren, traten sie die Rückreise an. In Mainz machten sie Halt, wo Conanus seine Ursula sehnsüchtig erwartete. In der Zwischenzeit hatte er den Glauben an Gott gefunden und ließ sich im Mainzer Dom vor den Augen seiner geliebten Ursula taufen.

Rheinabwärts ging es weiter in Richtung Köln. Die Sonne schien und die beiden Königskinder standen überglücklich Seite an Seite an Deck, und Conanus freute sich schon auf die bevorstehende Hochzeit. Doch je mehr sie sich Köln näherten, desto größer wurde die Unruhe an Bord. Irgendetwas stimmte nicht. Ab und zu sah man wilde Reiter am Rheinufer entlanggaloppieren, die es sehr eilig zu haben schienen. Am Abend liefen sie in den Kölner Hafen ein und gingen an Land. Hier wollten sie die Nacht verbringen.

Plötzlich sahen sie dunkle Schatten ringsumher. Tausende grausamer Krieger mit furchterregenden Gesichtern hatten sie umzingelt und kamen mit Kriegsgeschrei und gezückten Schwertern auf sie zugestürzt. Es waren

die Hunnen, angeführt von Attila, ihrem barbarischen König. Sie töteten eine Jungfrau nach der anderen. Es war eine schreckliche und ungerechte Schlacht, denn die Jungfrauen waren gänzlich unbewaffnet und hatten den Hunnen doch überhaupt nichts getan. Warum in aller Welt wurden sie so niederträchtig überfallen? Hatten die Hunnen es etwa auf ihren Schmuck oder ihre wertvolle Schiffsladung abgesehen? Oder starben die Jungfrauen gar wegen ihres Glaubens?

Als ein Hunnenschwert Conanus traf, spendete Ursula ihm Trost: »Fürchte dich nicht, mein Geliebter«, sprach sie zu dem Sterbenden. »Alles wird gut, denn Gott holt uns zu sich. Bei ihm werden wir bald für immer zusammensein.« Da schloss Conanus die Augen und starb in den Armen seiner Liebsten.

Ängstlich sah Ursula sich um. Die Wiese war ein einziges Schlachtfeld. Nur sie war als einzige Jungfrau noch am Leben. Da stand plötzlich der Hunnenkönig vor ihr und sprach: »Ich will dir das Leben schenken, schöne Prinzessin, aber nur, wenn du meine Frau wirst.«

Entsetzt schüttelte Ursula den Kopf und rief empört: »Niemals, Attila, werde ich die Frau eines gottlosen Barbaren! Lieber will ich sterben, denn im Himmel bin ich besser aufgehoben. Schickt mich ruhig zu Gott. Er und mein Verlobter Conanus warten schon auf mich.«

Da schoss Attila einen Pfeil auf sie ab. Ursula sank zu Boden und starb mit einem Lächeln auf den Lippen.

Stille lag über dem Schlachtfeld. Doch plötzlich erklang ein himmlischer Gesang. Die Krieger schauten verwundert nach oben. Elftausend Wolken zogen über das sternenklare Firmament, und wenn man ganz genau hinsah, erkannte man in den Wolken die Jungfrauen, die auf die Erde hinunterschauten. In der letzten Wolke aber, die größer und weißer war als alle anderen, hatten Ursula und Conanus einander wiedergefunden und waren nun im Himmel für immer und ewig miteinander vereint.

Die heilige Ursula ist die Stadtpatronin Kölns. In der Nähe des Eigelsteins steht die Kirche St. Ursula. Beim Bau der Kirche im 12. Jahrhundert hat man im Boden einen großen Knochenfund gemacht, den man als Reliquien der 11.000 Jungfrauen in der goldenen Kammer von St. Ursula anschauen kann. Hinter dem Altar stehen die prunkvollen Schreine von Ursula und Conanus. Ringsherum an den Wänden hängen 30 Gemäldetafeln aus dem Mittelalter, der Ursula-Zyklus, der die Ursulalegende in Bildern erzählt. Auch im Kölner Stadtwappen ist die Hl. Ursula ver-ewigt: Die elf schwarzen Tropfen bzw. Flämmchen auf weißem Grund stehen für die 11.000 Jungfrauen.

Ein Tanz für das Christkind

Schneeflocken schwebten leise zur Erde, und der Duft von Plätzchen und gerösteten Kastanien durchzog die Gassen. In den Fenstern flackerten Kerzenlichter. Ganz Köln freute sich auf Weihnachten. In den vielen Kirchen der Stadt waren Krippen aufgestellt worden. Doch erst in der heiligen Nacht, so gebot es die Tradition, wurde das Christkind auf das Stroh in der Krippe gelegt. Ihm zu Ehren führten einige Jungen jedes Jahr am Ende der Christmette einen Tanz vor der Krippe auf, den Christkindtanz, wie die Kölner diesen Brauch nannten. Danach wurde der beste Christkindtänzer der Stadt gewählt.

Auch in diesem Jahr traf sich wieder eine Gruppe Kölner Jungen, um den Christkindtanz zu üben. Nur einer konnte diesmal nicht dabei sein. Es war der Patriziersohn Johann Overstolzen, Spross einer der reichsten Kaufmannsfamilien der Stadt. Er hielt den Titel bereits seit ein paar Jahren und war ein begnadeter Tänzer. Kein Junge tanzte besser als er, und darauf war er mächtig stolz. Doch nach dem letzten Weihnachtsfest war Johann beim Schlittschuhlaufen gestürzt und hatte sich schwer am Rücken verletzt, weshalb er dieses Jahr unmöglich am Tanzwettbewerb teilnehmen konnte. Fast ein ganzes Jahr lang hütete er nun schon das Bett, und wenn er aufstehen wollte, brauchte er Krücken. Der Hausarzt der Overstolzens vermutete, er würde nie wieder ohne Krücken gehen können, geschweige denn tanzen. Johanns Eltern waren sehr besorgt und pflegten ihren Sohn mit großer Hingabe, aber die Hoffnung auf Heilung schwand mit jedem Tag.

Johann war darüber unendlich traurig. Erst recht, wenn ihm seine Freunde von ihren Übungen und ihrer Vorfreude auf den Tanzwettbewerb erzählten. Einige von ihnen waren insgeheim sogar froh, dass Johann diesmal nicht teilnehmen konnte. So bekamen sie auch endlich einmal die Chance, Kölns bester Christkindtänzer zu werden.

Die erste, zweite und dritte Adventswoche vergingen, und Johann wurde immer wehmütiger. Wenn er sich doch nur bewegen könnte. Nichts wünschte er sich mehr, als vor der Krippe zu tanzen und dem Christkind seine schönsten Sprünge zu zeigen. Täglich dachte er sich neue Tanzschritte aus, mit denen er die Kölner am Weihnachtsabend so gerne beglückt hätte. Aber für ihn war es aus und vorbei. Nie wieder würde er ohne die vermaledeiten Krücken laufen können. Trotzdem gab er die Hoffnung nicht auf und bat den lieben Gott jeden Abend um Heilung.

Endlich war der Heilige Abend da. Aufgeregt warteten die Kinder auf das Christkind. Sie zogen ihre Festtagskleidung an und machten sich mit ihren Eltern auf den Weg zur Christmette. Johanns Eltern konnten ihren Sohn nicht einmal mitnehmen, denn er hätte den Weg auf Krücken unmöglich geschafft. So mussten sie ihn im Bett zurücklassen und gingen zum ersten Mal ohne ihn zur Messe. Er war todunglücklich.

Wie jedes Jahr war die Christmette wunderschön. Unzählige Kerzen erleuchteten die Kirche. Gemeinsam sangen die Kölner Weihnachtslieder, beteten und lauschten der Weihnachtsgeschichte.

Nachdem die Figur des Christkindes in die Krippe gelegt worden war, stellten sich die Jungen zum Tanzwettbewerb auf. Zu den Klängen der Orgel begann der erste Knabe seinen Tanz vorzuführen, sich zu drehen und zu springen, dass es eine wahre Freude war. Ein zweiter tat es ihm nach und viele weitere folgten.

Währenddessen lag Johann in seinem Bett und blies Trübsal. So unglücklich war er sein Lebtag nicht gewesen. Er schloss die Augen um ein wenig zu schlafen, und da war ihm plötzlich, als hörte er ein leises Flüstern: »Steh auf, Johann, und tanz für mich.« Er glaubte zu träumen, aber dann war es wieder da, nur lauter: »Tanz, Johann, tanz für mich«, sagte eine zarte Stimme klar und deutlich. Und er hörte sie sogar noch ein drittes Mal: »Ich bitte dich, steh auf und komm zum Tanz in die Christmette!«

Da richtete Johann sich in seinem Bett auf und stellte seine Füße auf den Boden. Vorsichtig versuchte er aufzustehen. Es klappte. Er machte zögernd ein, zwei Schritte. Ein Wunder – er konnte laufen, ganz ohne Krücken. Schritt für Schritt setzte er die Füße voreinander, ging vorwärts, rückwärts,

drehte sich und versuchte sogar einen kleinen Sprung. Er war außer sich vor Freude. Hastig zog er das Nachthemd aus und holte sein schönstes Wams aus dem Schrank. Nun noch Schuhe und Mantel, und fertig war er. Er stürzte aus der Haustür und rannte zur Kirche. Hoffentlich war der Christkindtanz noch nicht vorbei!

Inzwischen hatten die Jungen ihre Aufführung beendet und warteten auf die Wahl des besten Tänzers. Doch in diesem Jahr taten die Kölner sich schwer, denn es gab keinen eindeutigen Sieger. Keiner von ihnen hatte so hingebungsvoll getanzt, wie sie es in den letzten Jahren von Johann Overstolzen kannten.

Plötzlich tat sich die schwere Kirchentür auf, und ein eisiger Wind zog in die Kirche. Da stand der Overstolzensohn im Festtagsgewand und ohne Krücken. Ein Raunen ging durch die Gemeinde. »Musik!«, schrie jemand aus den vorderen Bänken, und die Orgel setzte ein. Anmutig tanzte Johann durch den Mittelgang nach vorne, wiegte sich leicht, drehte sich immer schneller und setzte dann zu seinen virtuosesten Sprüngen an.

Die Menge hielt den Atem an. Johanns Eltern weinten vor Freude. War das wirklich ihr Sohn, der da tanzte und sich drehte wie ein Wirbelwind und immer wieder die kühnsten Sprünge und die kunstvollsten Drehungen zeigte? Welch unbeschreiblich schöner Tanz für das Christkind, über dessen Gesichtchen ein seliges Lächeln zu huschen schien, und fast sah es so aus, als würde es dem Tänzer seine Ärmchen entgegenstrecken.

Als Johann seinen Tanz beendet hatte, stand er unter tosendem Applaus und Bravorufen völlig außer Atem vor der Krippe. Er verbeugte sich vor dem Christkind, und da, fast unmerklich und niemand außer ihm konnte es hören, sagte ein zartes Stimmchen, das Johann irgendwie bekannt vorkam: »Danke.«

Johann war unumstritten der beste Tänzer der Stadt und das war sein schönstes Weihnachtsgeschenk.

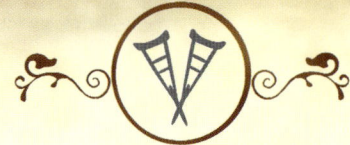

Alle Jahre wieder in der Vorweihnachtszeit werden in den Kölner Kirchen Krippen aufgestellt. Jede von ihnen ist etwas Besonderes. Unternehmt doch an Weihnachten mit euren Eltern einmal einen Spaziergang von Krippe zu Krippe. Es lohnt sich! Von der kölschen Domkrippe, über die mechanische Guckkastenkrippe in St. Maria Himmelfahrt und die älteste Krippe Kölns in St. Maria in der Kupfergasse bis hin zur bunten Milieukrippe in St. Maria Lyskirchen mit ihren schwimmenden Kerzen.

Subbelrather Straße

Venloer Straße

Mediapark

Hansaring

Innere Kanalstraße

Hohenzollernring

Melaten

Aachener Straße

Neumarkt

Hahnenstraße

Dürener Straße

Hohenstaufenring

Universitätsstraße

Rothgerberbach

Salierring